von Müllers
debüt 2016

Lothar Herzog

Honecker privat

Ein Personenschützer berichtet

Das Neue Berlin

*Sekt für den ersten Deutschen im All. Fliegerkosmo-
naut Sigmund Jähn zum Empfang im Staatsrat, 1978*

Zitrone zum Kaffee

Der Tag begann mit einer Zitrone. Pur und ungesüßt. Allein der Anblick des grüngelben Saftes, den ich in das Glas goss, zog mir alle Poren zu. Doch mein Chef kippte das saure Zeug in einem Zug hinunter, ohne auch nur mit der Wimper zu zucken. Er absolvierte diese Übung so diszipliniert und konzentriert wie einen Staatsbesuch: kontrolliert bis in die Haarspitze. Seit wann und wie lange er das tat, vermag ich nicht zu sagen. Aber von 1972 bis 1984, als ich sein, tja, persönlicher Kellner war, trank er täglich diesen Vitamin-C-Cocktail.

Warum ich vor dem Gebrauch der Bezeichnung »Kellner« für meine Dienststellung ein wenig zögere? Das werde ich noch erläutern. Vorrangig hier scheint mir die Erörterung der Frage, *warum* er jeden Morgen mit Zitronensaft begann. Für mich wäre der Tag im Eimer gewesen. Ich hätte gar nicht anders als sauer sein können, sauertöpfisch hätte ich mein Tagwerk verrichtet. Ihn allerdings focht das nicht an. Erstaunlich. Die Zitrone schien keinen Einfluss auf seine Laune zu haben. Hatte er überhaupt so etwas wie eine Laune?

Eine Stimmung war bei ihm kaum auszumachen, folglich auch nicht deren eventuelle Schwankungen. Ich gehörte zum Mobiliar. »Morgen« oder »Tach«, dann setzte er sich, und ich trug auf. Kein persönliches Wort, nichts, auch nicht, wenn er sich vom

Tisch erhob. Ich hatte stets den Eindruck, dass für ihn die Tätigkeit »Speisen« eher eine lästige Notwendigkeit war. Jedes Essen, egal, ob nun privat oder bei einem Bankett. Ein Genussmensch war er bestimmt nicht. Und darum waren auch die Personen um ihn herum, die mit ihm bei Tische saßen oder vorlegten wie ich, nun ja, ich will nicht sagen »lästig«, doch irgendwie so unnötig wie das Essen selbst.

Die Speisen hatten drei Bedingungen zu erfüllen: Sie mussten einfach sein, sie mussten heiß sein (selbst bei Bier oder Cola durfte die Temperatur nicht unter der des Raumes liegen), und sie mussten vertraut, also irgendwie deutsch sein. Das erklärt beispielsweise, dass ich selbst nach Moskau mitmusste – in jenen zwölf Jahren war das um die vierhundert Mal. Mich überraschte diese Menge, als ich in meinen Kalendern jetzt die Dienstreisen zählte. In jener Zeit habe ich ihn auf allen Auslandsreisen begleitet, bekocht und bedient. Auch dazu vielleicht später mehr.

Ich glaube, dass seine eingeschränkte Fähigkeit, wirklich zu genießen, mit seiner Biografie zusammenhing. Er war 23, als ihn die Nazis einsperrten, und keine 33, als er in die zerstörte Freiheit entlassen wurde. Im Zuchthaus wird keiner zum Gourmet, und in der Nachkriegszeit stand meist Hunger auf dem Speiseplan. In Brandenburg hat er sich wohl auch das Esstempo angewöhnt. Das war extrem hoch. Ich will nicht behaupten, dass er schlang, aber wesentlich schneller als die anderen war er schon. Das führte, nur nebenbei, gelegentlich zu Problemen, wenn er mit anderen speiste. (Ich rede jetzt nicht von Staatsbanketten und Empfängen, da hielt er sich, nicht zuletzt wegen einer gewissen Unsicherheit, an den Rhythmus der anderen.) Er hatte bereits den Teller mit der Vorsuppe geleert, als seine Mitstreiter gerade erst damit begonnen hatten. Da sich aber niemand getraute, länger als der Chef bei einem Gang zu verweilen, gingen die meisten Teller halbvoll in die Küche zurück.

Und warum heiß? Der Grund war vermutlich der gleiche: Im Knast war die Küche kalt.

Das ist meine Interpretation, denn darüber habe ich mit ihm nicht geredet. Wie ich überhaupt nicht mit ihm gesprochen habe. Ich hatte Weisung, nur zu antworten, wenn ich gefragt werde. Und da er mich nie fragte, gab es auch keinen Anlass, dass wir uns unterhielten. Im Nachhinein finde ich es nicht nur merkwürdig, ich bedaure es. Wer hätte mich daran hindern können, mich zu diesem oder jenem ihm gegenüber zu äußern? Nur er selbst. Er aber war nicht der Typ des unnahbaren, distanzierten Wichtigtuers, der beleidigt gewesen wäre, hätte ich ihn von der Seite angesprochen. Nein, ich servierte nur und schwieg.

Und dabei hielt mich mancher gar für eine Schlüsselfigur, die *sein* Ohr hatte. Ich entsinne mich eines Besuches in seinem Wahlkreis in Karl-Marx-Stadt, wo mich ein höherer Funktionär zunächst ziemlich herablassend behandelte. Ich war einer der vielen Namenlosen in der Entourage des Generalsekretärs, der in keinem Protokoll geführt wurde. Als er aber irgendwie mitbekam, dass ich ständig mit seinem

Chef Umgang hatte, veränderte sich sein Verhalten mir gegenüber schlagartig. Entweder fürchtete er, ich würde ihn wegen seiner Arroganz verzinken, oder er hoffte auf Fürsprache. Wohl wahr, das sind Verhaltensmuster, die es in allen Hierarchien in jedem System gibt.

Die Zitrone nahm er ausschließlich deshalb zu sich, weil er sich vor Grippe schützen wollte. Er machte sich zu eigen, was der Volksmund sagte: Vitamin C stärkt die Abwehrkräfte. Und da er nichts auf Pillen und andere pharmazeutische Produkte gab, mehr den natürlichen Hilfsmitteln vertraute, musste es eben Zitrone sein. Ich will nicht behaupten, dass er Anflüge von Hypochondrie aufwies, aber bestimmte Reflexe deuteten in diese Richtung. Er war eben vorsichtig und auf seine Gesundheit bedacht. So war ihm Körperkontakt aus eben diesem Grunde unangenehm. Jedes Shakehands, und bei Empfängen musste er besonders viele Hände schütteln, trieb ihn auf die Toilette, wo er sich intensiv die Hände wusch. (Oder ich steckte ihm heimlich ein Tuch zu.) Wer in seiner Umgebung auch nur den Verdacht einer Erkältung weckte, den mied er auffällig.

In das Fach »Vorsicht« fallen auch die Auslandsreisen, die nach seinem Wunsche möglichst kurz sein mussten. Am liebsten waren ihm jene, bei denen er sich morgens ins Flugzeug setzen und am Abend nach Wandlitz zurückkehren konnte. Er sehnte sich nach vertrauter Umgebung und Geborgenheit. Die Fremde und Fremde verunsicherten ihn. Die längste Dienstreise, die er jemals machte, führte uns nach Fernost. Ende 1977 besuchten wir

Der Kellner und sein Chef: Lothar Herzog reicht ihm das Wasser, VIII. Parteitag der SED, 1971

Vietnam, die Philippinen und Nordkorea. Zwölf Tage waren wir unterwegs. Nie wieder so lange von daheim weg!

Er machte darum auch nie Urlaub im Ausland, zumindest nicht, als er Staats- und Parteichef war. Als Politbüromitglied musste er wie seinesgleichen die Einladung aus der Sowjetunion annehmen, da war er wohl einige Male auf der Krim. In Polen verbrachte er einmal einen Sommerurlaub auf Hel vor Danzig. Wenn Sie sich ein wenig dort auskennen: An der Spitze dieser meist nur 200 Meter breiten Halbinsel befindet sich ein sehr gut bewachtes Armeeobjekt mit Gästehäusern, da durfte ich nur die Koffer tragen und konnte mich gleich verabschieden. Die Jagdausflüge in die anderen sozialistischen Staaten fielen nicht in die Kategorie Urlaub. Sie galten bereits als lang, wenn er vor Ort über Nacht bleiben musste.

Kuba war das einzige Land, wohin er gern reiste und diese Besuche auch sichtlich genoss. Wir waren dort 1974, 1980 und 1982, und es gibt diese bekannten Fotos vom Hochseeangeln, auf denen er voller Stolz einen Fisch in die Kamera hält. Und falls jetzt die Frage kommt, ob er diesen Fisch auch gegessen habe: nein. Er aß kein Wild, er aß keinen Fisch. Aus Prinzip. Doch woher diese Abneigung rührte, vermag ich nicht zu sagen.

Gleichwohl wollte er bei Staatsbesuchen keine deutsche Extrawurst gebraten haben, er ließ sich auf fremde Küchen und Kulturen durchaus ein und verpflichtete dazu auch alle Mitreisenden. Doch die Vorkommandos, die vor Ort die Reise vorbereiteten, und denen ich in der Regel ebenfalls angehörte, versuchten darauf Einfluss zu nehmen, dass die Gerichte der Gastgeber nicht zu exotisch oder zu chi-chi ausfielen.

Das lag nicht nur an seiner Bodenständigkeit, sondern auch an praktischen Erfahrungen. Ministerpräsident Willi Stoph hatte sich in Vietnam einmal gründlich den Magen mit einheimischer Kost verdorben, was ihn aufs Krankenlager und das politische Programm über den Haufen warf. Das war Lehre genug für alle DDR-Staatsreisenden.

Mein Chef lebte gesund, und das vermutlich nicht nur um seiner Selbst willen, sondern nach dem Leninschen Grundsatz: Gesundheit ist Volkseigentum, schütze es, Genosse! Er war bis Ende der 60er Jahre ein starker Raucher, und beim regelmäßigen Skatspiel im Klubhaus in Wandlitz, woran vornehmlich Erich Apel (bis zu seinem Selbstmord 1965), Günter Mittag und Gerhard Grüneberg teilnahmen, wurde manche Flasche Weinbrand Edel geleert. Als sich jedoch der Führungswechsel abzuzeichnen begann, zog er sich aus dieser Klubrunde zurück und stellte faktisch über Nacht den Zigaretten-Konsum ein.

Als Erster in der Partei trank er kaum noch Hochprozentigen, obgleich bis in die 80er Jahre hinein bei Empfängen die »Granaten« auf dem Tisch standen und niemand ohne eine Glas in den Saal kam. Am Eingang stand links ein Mädel mit einem Tablett mit Braunem, rechts eines mit Klarem. Bis zu jenem Eklat bei der Konstituierung des Luther-Komitees, mit welchem der Auftakt zu den staatlichen und kirchlichen Ehrungen zum 500. Geburtstag des Reformators, der bekanntlich kein Kostverächter war, erfolgte. Das Protokollbild im *Neuen Deutschland* zeigte den Chef neben den Bischöfen hinter einem eingedeckten Tisch stehend und redend. Und auf dieser Tafel waren unschwer die Flaschen mit brauner und heller Flüssigkeit auszumachen. Die Unmutsbekundung der Kirchenleute, es Protest zu nennen wäre wohl ein wenig überzogen, führte dazu, dass bei der späteren Verwendung dieser Aufnahme die Schnapsflaschen herausretuschiert wurden, so beispielsweise in einer Broschüre mit allen Reden, die auf jener Zusammenkunft gehalten worden waren.

Der Chef achtete sehr auf seine Gesundheit. Als Beleg dafür ließ sich selbst die beiläufige Bemerkung von Egon Krenz anführen, der Generalsekretär habe sich nach dem Reaktorunfall in Tschernobyl 1986 einen Geigerzähler besorgen lassen, weil er offenkundig den verharmlosenden Meldungen aus der Sowjetunion nicht glaubte und sich in der Schorfheide bezüglich der Radioaktivität selbst eine Meinung bilden wollte. Doch da war ich schon nicht mehr in seinen Diensten.

Wie wurde ich Kellner?

Das ist eine ziemlich lange Geschichte. Aber weil ein Buch – anders etwa als eine Talkshow – es erlaubt, ohne Widerspruch eines Moderators, der einem mit Blick auf die Uhr und wegen der gähnenden Münder der anderen Gäste ins Wort fällt, einen Satz zu Ende bringen zu können, darf ich ein wenig ausholen. Die Leserin und der Leser sehen es mir gewiss nach.

Ich stamme aus sehr bescheidenen Verhältnissen. Wir waren sechs Kinder. Ich war das dritte und kam in einer Kleinstadt unweit von Chemnitz zur Welt. Es war der 15. September 1943, und es war Krieg. Mein Vater vom Jahrgang 1920, ein gelernter Buchhändler aus Leipzig, trug Uniform: Er arbeitete als Fahrdienstleiter der Deutschen Reichsbahn im Bahnhof von Glauchau. Das trug ihm eine, wenngleich kurze Kriegsgefangenschaft bei den Amerikanern ein.

Wir lebten in einer Dienstwohnung auf dem Bahnhofsgelände und auf sehr engem Raum. Ich musste mir das Bett mit Gerhard teilen, der zwei Jahre älter war als ich. Wolfgang, unser großer Bruder und 1940 geboren, lebte aus eben diesem Grunde bei der Großmutter in Chemnitz-Lichtenstein, wo auch ich zur Welt gekommen war. Dem Fluch (oder Segen) jener Jahre und gemäß unseren sozialen Verhältnissen wurden es immer mehr Herzöge. Wenige Wochen vor Kriegsende wurde unsere Mutter von Rainer entbunden, 1951 folgte Ingrid und im Jahr darauf Margot.

Unsere Kleidung glich einem Wanderpokal, sie wurde stets weitergereicht. Das ging so lange, bis sie nicht mehr zu flicken war und auseinanderfiel.

Vater ging zur Wismut, weil dort sehr gut gezahlt wurde. Die sowjetische, später sowjetisch-deutsche Aktiengesellschaft förderte an verschiedenen Orten in Sachsen und Thüringen Uranerz. Das benötigte die Sowjetunion, um Nuklearwaffen produzieren zu können. Das auf diese Weise mit enormen Anstrengungen auch ihrer Verbündeten hergestellte annähernde militärstrategische Gleichgewicht zwischen den beiden Großmächten sorgte, auch wenn es ein Gleichgewicht des Schreckens war, allein durch die Androhung der wechselseitigen Vernichtung für die Verhinderung eines großen Krieges. Deshalb sprachen die Wismutkumpel auch von »Friedenserz«, das sie aus dem Berg holten. Sie zahlten oft mit ihrer Gesundheit. Unser Vater beispielsweise wurde keine siebzig.

Er arbeitete als Fördermaschinist im Drei-Schicht-System übertage, doch der fortgesetzte Luftzug aus der Tiefe war mindestens so radioaktiv wie der unten im Schacht. Die Betreiber der Wismut wussten um die gefährlichen Folgen, doch die Arbeit musste getan werden wie später andere – wir erinnern uns der Männer auf dem Dach des explodierten AKW in Tschernobyl, die im Sekundentakt das verstrahlte Material in den Krater schaufelten. Das war nicht fahrlässig, sondern erforderlich. Schließlich tobte der Kalte Krieg.

Auch wenn die Wismut-Kumpel überdurchschnittlich verdienten und viele Vergünstigungen erhielten, war dies nur eine schmale Entschädigung für ihren Einsatz. Erst später, als Vater Ende der 80er Jahre auf dem Totenbett lag, wurde uns bewusst, dass er sich praktisch für uns, für seine Familie, aufgeopfert hatte. Ja, auch für den Weltfrieden, natürlich. Aber persönlicher Schmerz ist immer konkret, dagegen hilft kein Pathos.

Aufgrund der weitaus günstigeren Lebensmittelkarte und der Möglichkeit, in einem in Chemnitz für Angehörige der Wismut eingerichteten Kaufhaus Dinge zu erwerben, die es anderswo nicht gab – etwa Kinderkleidung, wofür spezielle Bezugscheine ausgehändigt wurden –, wurde die Not ein wenig gelindert.

Allerdings fand die Deutsche Reichsbahn den Verlust ihres Fahrdienstleiters nicht hinnehmbar, weshalb sie uns die Wohnung in Glauchau kündigte. Der Zufall in Gestalt eines freigewordenen Quartiers im Wohnhaus der in Chemnitz lebenden Mutter unserer Mutter sorgte dafür, dass wir ein Dach überm Kopf hatten. Im Herbst 1951 zogen wir in die Ruinenstadt, welche schon vor ihrer Zerstörung gewiss keine Schönheit war. Die Industriestadt mit fast vierhunderttausend Bewohnern galt als das sächsische Manchester, man sprach von »Rußchemnitz«, »Ruß-Chamtz« oder »Rußnitz«. Die britischen und US-Bomber nahmen die Stadt wiederholt ins Visier, weil dort neben anderen Rüstungsgütern Panzermotoren produziert wurden. Die heftigsten Luftangriffe erfolgten an den gleichen Tagen im Februar 1945, als Dresden in Flammen aufging. Und nicht nur dort fragt man sich noch heute, ob dies nötig oder gar angemessen war: Der Krieg war längst entschieden.

Im März krachten erneut und letztmalig Bomben auf Chemnitz. Am Ende waren in der Altstadt und den inneren Vorstädten alle Kirchen und öffentlichen Gebäude zerstört, jede vierte Wohnung war weg. Von diesen Schlägen sollte sich die Stadt nie mehr erholen, sie hat bis heute kein Gesicht. Deshalb war ich froh, ihr Anfang der 60er Jahre entrinnen zu können. Ich wollte nie wieder im Leben dorthin zurück.

Das ist, ich gebe es zu, ein hartes Urteil, wo doch gemeinhin die Zuneigung zum Ort der Kindheit und Jugend stets groß ist, egal, wie die Heimat ausschaut. Und vermutlich werden die meisten Chemnitzer – das sind gegenwärtig noch fast eine Viertelmillion Menschen – nicht nur mangels Alternative oder aus Bequemlichkeit dort leben. Sie mögen ihre Stadt. Dagegen ist nichts zu sagen. Aber ich wurde dort nie warm, auch nicht, als sie nach Karl Marx benannt war.

Unser Haus stand in einem traditionellen Arbeiterviertel. Wir hatten vier Zimmer, eine Küche mit einem gußeisernen Ausguss nebst Wasserhahn, aus dem das Wasser nur tröpfelte, nie floss. Der Donnerbalken – er trug diese Bezeichnung mit Recht: es handelte sich um sechs Verschläge auf dem Etagenflur – war stets Quelle unerträglichen Gestanks. Mich ekelte jeder Gang dorthin. Gebadet wurde einmal in der Woche in einer Zinkwanne. Dazu wurde das Wasser auf dem kleinen Küchenherd erhitzt. Erst wusch sich der Vater darin, dann die Mutter, wobei streng darauf geachtet wurde, dass wir unsere Eltern nicht nackt sehen konnten. Danach ging es der Reihe und dem Alter nach. Sukzessive wurde warmes Wasser nachgefüllt, nachdem zuvor die gleiche Menge erkaltetes Badewasser aus der Wanne geschöpft worden war. Später, als ich größer war, zog ich den Besuch im Stadtbad vor.

In der Küche wurde auch das Essen zubereitet und eingenommen. Es war einfach und entsprach sowohl den finanziellen Möglichkeiten der Familie als auch denen des lokalen Handels. Die Wohnräume waren sparsam möbliert, und erst Ende der 50er Jahre konnten wir uns ein Rundfunkgerät leisten, in unseren Augen ein Riesenkasten mit unendlich vielen Sendern auf der Skala.

Fünf Jahre nach dem Krieg kam ich zur Schule. Was ein Problem war. Die meisten Chemnitzer Schulen waren zerstört oder in ihrer Tätigkeit sehr eingeschränkt, was zur Überfüllung der anderen führte. Ich zog in den ersten Jahren mit meinen Brüdern durch mehrere Einrichtungen, weshalb meine Erinnerung an jene Jahre nicht die beste und auch nur sehr oberflächlicher Natur ist.

Lothar Herzog (r.), Weihnachten 1951

Trotzdem bereitete mir das Lernen viel Freude, und ich nahm alles mit, was uns geboten wurde. Ich besuchte sowohl den Religionsunterricht wie auch die Pioniernachmittage. Irgendwann jedoch blieb ich der Christenlehre fern, was den Religionslehrer veranlasste, bei meinen Eltern vorstellig zu werden. Diese jedoch überließen mir die Entscheidung und billigten es, als ich mich für die Pionierorganisation und gegen die Kirche entschied. Ich wurde schließlich Vorsitzender des Gruppenrats in der Klasse, gehörte dem Freundschaftsrat an – das war das Leitungsgremium an der Schule – und wurde schließlich sogar dessen Vorsitzender.

Das kam nicht von ungefähr. Ich war, in aller Bescheidenheit, einer der besten Schüler an der Lessing-Schule. Im Dezember 1955, so um den Pioniergeburtstag herum, durfte ich mit anderen ausgezeichneten Schülern aus Karl-Marx-Stadt für drei

Tage in die Hauptstadt fahren. Wir besuchten den Pionierpark Wuhlheide und schließlich den Präsidenten. Bei Wilhelm Pieck bekamen wir Kakao und Kuchen und zum Abschied ein kleines Erinnerungsgeschenk.

Ich will nicht behaupten, dass diese Reise und die Begegnung mit dem DDR-Staatsoberhaupt Schlüsselerlebnisse waren, welche mein Leben von Grund auf veränderten. Aber es wäre gelogen, erklärte ich, dass alles ohne Folgen geblieben ist. Berlin war nicht minder zerstört, doch irgendwie anders. Größer, lauter, lebhafter, bunter. Wir besuchten den Weihnachtsmarkt auf dem Schlossplatz, bestaunten die Karussells und Buden mit den vielen Angeboten, die für uns unerschwinglich waren, und fanden alles faszinierend. Das war, verglichen mit späteren Jahren, alles sehr bescheiden und einfach, aber nicht nur in den Kinderaugen erschien das gewaltig. Wir kamen eben aus der sächsischen Provinz.

Die Berlin-Fahrt motivierte mich. Und noch mehr die vier Wochen im Zentralen Pionierlager »Lilo Herrmann« am Scharmützelsee bei Bad Saarow, die ich im Sommer 1956 erleben durfte. Das war eine wunderbare, einmalige Zeit mit vielen Erlebnissen.

Die Pioniereisenbahn in der Wuhlheide animierte mich, der gleichen Einrichtung in Karl-Marx-Stadt beizutreten. Und ich gebe zu, dass ich damals ernsthaft mit dem Gedanken spielte, nach der Schule zur Bahn zu gehen und dort eine Lehre zu machen.

Doch dieser Wunsch wurde bald von einem anderen überlagert, nachdem wir Chemieunterricht hatten. Ich wollte Abitur machen und Chemie studieren. Doch nun erwies sich das, was in den Jahren zuvor als Vorzug galt – nämlich das überdurchschnittliche Einkommen meines Vaters –, als spürbarer Nachteil. Damit war kein Stipendium drin. Andererseits war das Gehalt des Vaters nicht so riesig, dass damit sowohl sieben Mäuler gestopft (Wolfgang, unser Ältester und der achte Esser, wurde bereits von der NVA versorgt) als auch mein Studium finanziert werden konnten. Ich verstand meine Eltern, wenngleich mir der Verzicht schwerfiel, als sie mir nahelegten, nach der 8. Klasse eine Lehre zu beginnen.

Es gab einige Gründe, weshalb ich entschied, Kellner zu werden, obgleich ich noch nie ein Restaurant oder Hotel von innen gesehen hatte. Aber ich hatte gehört, dass es dort Trinkgeld gab, mit dem das keineswegs üppige Gehalt erheblich aufgestockt werden konnte. Und da ich daheim nur knappe Kassen und Schmalhans als Küchenmeister kannte, schien mir das eine erstrebenswerte Perspektive. Hinzu kam die Vorstellung, die von häufigen Kinobesuchen rührte, dass man es dort mit interessanten Menschen zu tun bekäme. Ich war von Natur aus neugierig und kontaktfreudig. Dort, so meinte ich, würde diese Neigung bedient werden.

In der Stadt bildeten mehrere Einrichtungen Kellner aus. Ich bewarb mich 1958 im Hotel »Chemnitzer Hof«, das der HO gehörte, der staatlichen Handelsorganisation. In jener Zeit wurde das Schulsystem der DDR reformiert, mit der Einführung der einheitlichen Polytechnischen Oberschule (POS) wurde der Abschluss der zehnten Klasse Regel, der Abgang nach acht Schuljahren Ausnahme. Darum schlug der Personalchef des Hotels meinen Eltern vor, ich solle besser erst nach der 10. Klasse anklopfen. Man würde dann auch garantieren, dass die dreijährige Ausbildung für mich um ein halbes Jahr verkürzt würde.

Diese Aussicht lockte meine Eltern, mich jedoch wenig. Darum bewarb ich mich bei der Mitropa, der 1916 gegründeten Mitteleuropäischen Schlaf- und Speisewagen Aktiengesellschaft, die in der DDR die Speisewagen und die Bahnhofsgaststätten der Deutschen Reichsbahn bewirtschaftete sowie die gastronomische Versorgung auf Schiffen der Weißen Flotte und der Eisenbahnfähren auf der Ostsee besorgte. Doch ehe ich dort genommen werden konnte, kam Post vom »Chemnitzer Hof«. Vier ihrer insgesamt sieben Lehrstellen waren leer geblieben, man würde sich freuen, mich am 1. September begrüßen zu können, hieß es in dem Schreiben.

Die Berufskleidung – ein schwarzer Anzug, mehrere weiße Hemden, schwarze Fliege, Strümpfe und Schuhe – musste ich mitbringen. Meine Ausstattung riss ein großes Loch in unsere Haushaltskasse, doch dass meine Eltern diese Investition ohne Klagen tätigten, danke ich ihnen noch heute.

Auf die vielen Erlebnisse und Begebenheiten während der Lehre will ich an dieser Stelle nicht eingehen. Nur so viel: Im Sommer 1961 endete mit der Schließung der Grenze in Berlin auch die Praxis, dass die meisten jungen Kellner unmittelbar nach Abschluss der Ausbildung am »Chemnitzer Hof« in die Bundesrepublik, nach Österreich und in die Schweiz zogen, um dort ihre Berufskenntnisse zu erweitern und zu vertiefen. Mancher kehrte von dort auch wieder zurück. Ich selbst hatte ebenfalls mit einem solchen Gedanken gespielt, doch als sich dieser nun am 13. August erledigte, war ich nicht besonders gram oder verärgert. Ich war von der Notwendigkeit dieser Maßnahme überzeugt, dazu bedurfte es nicht des FDJ-Studienjahres, das ich natürlich besuchte.

Politik, ja, fand auch statt, aber in erster Linie interessierte mich alles, wofür sich junge Leute interessieren. Außerdem las ich gern und viel. Und von

Die Herzogs bei der Jugendweihe von Margot, Mitte der 60er Jahre. Links Lothar Herzog

meinem Trinkgeld – die »Lehrlingsrente« lieferte ich komplett bei meinen Eltern ab – kaufte ich mir ein Sportrad von »Diamant«, was irrsinnige 480 Mark kostete. Dafür hatte ich ein ganzes Jahr gespart.

Einmal stieg auch Walter Ulbricht im »Chemnitzer Hof« ab und blieb über Nacht. Der Staatsratsvorsitzende wurde jedoch von einer Betreuungsgruppe begleitet, dazu gehörten nicht nur der Personenschutz, sondern auch sein persönlicher Koch und ein Kellner.

Walter Ulbricht und Todor Shiwkow (Bulgarien) bei der Begrüßung durch Junge Pioniere, 60er Jahre

Dass nicht das Hotelpersonal sich um ihn kümmerte, verwunderte mich ein wenig. Doch meine älteren Kollegen, die das nicht zum ersten Male erlebten, wiegelten ab. Das sei normal und nicht ungewöhnlich.

Mitte Juli 1961 absolvierte ich meine Abschlussprüfungen in Theorie und Praxis mit »Sehr gut«, am 31. August bekamen wir die Facharbeiterzeugnisse ausgehändigt.

Wegen der Maßnahmen in Berlin und an der Staatsgrenze West ergaben sich akute Personalprobleme; die Streitkräfte der DDR einschließlich der Grenzpolizei wurden von Freiwilligen gebildet, erst 1962 sollte qua Gesetz die allgemeine Wehrpflicht eingeführt werden. SED und FDJ des Bezirkes Karl-Marx-Stadt verpflichteten sich, ein ganzes Bataillon Freiwilliger zu werben, das waren also an die tausend Mann. Auch bei mir klopfte man an und wollte mich für einen dreijährigen Dienst an der Grenze gewinnen. Ich leistete nur hinhaltenden Widerstand und unterschrieb. An meinem 18. Geburtstag, am 15. September 1961, sollte ich mich in Erfurt beim FDJ-Grenzbataillon »Karl-Marx-Stadt« melden.

Allerdings kreuzte wenige Tage vor Dienstantritt ein Unbekannter bei mir auf. Er wirkte sehr selbstbewusst und überzeugend. Ohne sich vorzustellen oder auszuweisen, fragte er mich, ob ich nicht Lust auf Veränderung hätte. Wie solle die aussehen, fragte ich zurück. In Berlin zu arbeiten, sagte er. Und als was? Darauf er: in deinem Beruf.

Dagegen habe ich nichts, warf ich ein, allerdings hätte ich mich bereits für drei Jahre an der Grenze verpflichtet.

Der geheimnisvolle Fremde machte eine wegwerfende Handbewegung und lächelte vielsagend. Das werde man für mich erledigen. Ich würde wieder von ihm hören, sagte er und verabschiedete sich.

Wochenlang hörte ich nichts.

Irgendwann wurde ich in das Büro des Hoteldirektors bestellt. Dort erwarteten mich zwei Herrn, die ich nicht kannte. Ob sie sich vorstellten, vermag ich nicht zu erinnern, jedenfalls hatte ich sie vorher nie gesehen, und später traf ich auch nur den einen wieder, ihre Namen und Gesichter sind mir nicht gegenwärtig.

Sie sprachen mit mir über meinen Beruf und meine Vorstellungen, über die Familie und meinen Umgang, kurz, sie horchten mich ganz schön aus. Dann sagten sie mir, dass sie Arbeit für mich in Berlin hätten, doch die würde ich nur ausüben können, wenn ich den Kontakt zu meiner derzeitigen Freundin beendete. Ich fragte nicht warum, nickte nur, und durfte dann wieder gehen. Die Sache schien sich erledigt zu haben, denn ich hörte monatelang nichts. Ich arbeitete weiter wie gewohnt.

Mitte Januar 1962 kreuzte einer der beiden erneut im Hotel auf und erkundigte sich, ob ich noch immer an einem Ortswechsel interessiert sei. Allerdings habe man mit einer gewissen Betrübnis beobachtet, dass ich mich nicht an die Absprache gehalten und meiner Freundin keineswegs den Laufpass gegeben habe.

Hören Sie, hielt ich dagegen, Sie sprechen einmal mit mir und sagen, ich soll mich von meiner Freundin trennen. Sie nennen mir weder den Grund noch verraten Sie, wozu das gut sein soll. Dann verschwinden Sie, ich höre lange nichts, die Sache scheint gestorben zu sein. Jetzt tauchen Sie überraschend auf und mokieren sich darüber, dass ich noch immer mit meiner Freundin zusammen bin.

Der Mann grinste nur und blieb die Antwort auf meine berechtigte Vorhaltung schuldig. Man wolle nicht so sein, lenkte er schließlich ein, als müsste ich mich bei ihm entschuldigen und nicht umgekehrt.

Am 17. Januar geht dein Zug nach Berlin, sagte er zum Abschied.

Dann ging in der Tat alles sehr schnell. Das Hotel schloss mit mir eine Art Aufhebungsvertrag, gleichwohl sollte ich weiterhin als Mitarbeiter des Hotels »Chemnitzer Hof« geführt werden. Wer mein neuer Dienstherr sein würde, verriet spätestens die Adresse, bei der ich mich in Berlin melden sollte. Die befand sich in Treptow in der Schnellerstraße und war der Sitz der HA PS, was ausgeschrieben Hauptabteilung Personenschutz des Ministeriums für Staatssicherheit hieß.

Meine Freundin reiste nach Bulgarien, sie war Teil eines Austauschprogramms von Köchen. Ich sollte nie wieder etwas von ihr hören. Und mit später erworbenem Wissen würde ich meinen, dass sie gewiss ohne eigenes Zutun auf jene Liste von DDR-Köchen geraten war, die sich auf dem Balkan qualifizieren sollten. Es brach mir nicht das Herz. Es soll ja hin und wieder vorkommen, dass die erste Partnerschaft nicht bis zur Goldenen Hochzeit reicht.

Den Anlass für die verordnete Quarantäne erfuhr ich erst im Nachgang. Meine Freundin war ein

Adoptivkind. Ihre Ziehmutter hatte einen leiblichen Sohn, der jedoch in der Bundesrepublik lebte. Und dort wähnten die Genossen von der Sicherheit ein potenzielles Einfallstor, wenn ich denn einer der Ihren werden würde. Ich verstand das, ohne es gutzuheißen. Mit derlei Dingen war ich seinerzeit wenig vertraut. Erst später wurde mir bewusst, dass Geheimdienstarbeit mehr mit Regeln eiserner Logik und weniger mit menschlichem Anstand zu tun hat. Das sollte ich ein knappes Vierteljahrhundert später selbst erfahren. Doch ich will nicht vorgreifen.

Honecker: die frühen Jahre

Die Idee stammte von Jost Becker, ich fand sie reichlich bescheuert. Aber wenn der Leiter der Protokollabteilung beim Zentralkomitee Würste auf der Leine wollte, dann sollte er sie eben bekommen. EH machte Urlaub auf Vilm, und die Russen aus Wünsdorf hatten sich zum Besuch angesagt. Da musste es wieder mal was Ausgefallenes sein. Würste an der Wäscheleine – das war doch keine originelle Idee, das war zum Piepen. Ich musste unwillkürlich an Pieter Brueghels Schlaraffenland denken. Auf dem Gemälde hingen zwar keine Würste an der Leine, aber unter einer Tafel lagen drei vollgefressene, dickbäuchige Faulenzer und grunzten. Sie mussten nur den Mund öffnen, und schon landete alles in ihrem Schlund: Gebratenes und Gesottenes, auch Würste, und Wein floss aus einem umgestürzten Krug direkt in ihren Mund ...

Welchen Eindruck würden die Generäle der GSSD, der Gruppe der sowjetischen Streitkräfte in Deutschland, davon mitnehmen? Wir hatten die Tische auf die Terrasse gezogen und für fünfzehn Personen eingedeckt: verschiedene Brotsorten aus unserer Bäckerei in Wandlitz, Aufschnitt, Bouletten, Zwiebel, Gurke und Tomaten, Bier, Korn und Weinbrand, nichts Übertriebenes, einfach und rustikal. Wenn nur nicht diese albernen Würste und das Bund Zwiebeln mit Lauch wären, die den Gästen

Würste auf der Wäscheleine auf der Insel Vilm

dann dauernd vor der Nase baumelten. Die Wurst kam aus Eberswalde, im dortigen Kombinat verstand man sich darauf. Der Chef zog Eberswalder jeder ungarischen Salami vor. Warum er die Wurst aus der Puszta nicht sonderlich schätzte, habe ich nie zu ergründen versucht: Sie kam jedenfalls bei ihm nicht auf den Tisch. Einzig Thüringer Wurst schätzte er noch mehr als die aus Eberswalde, was auch nicht verwunderlich war: In Thüringen machte man seit Menschengedenken die beste Wurst in ganz Deutschland. Lag's am Wasser, an den Gewürzmischungen, am Holz im Rauchfang?

Im Urlaub und auch sonst trank der Chef DAB aus der Büchse. Nur wenn Gäste kamen oder bei offiziellen Anlässen präferierte er Radeberger. Was er an dem Billig-Bier aus Dortmund mochte, noch dazu aus der Büchse, wussten die Götter. Aber es war eben so.

Im Sommer machten Honeckers immer Urlaub auf der Insel Vilm. Das Eiland lag wie ein Wal vor der Insel Rügen: Der südliche Teil zog sich breit auseinander wie eine Schwanzflosse, und der obere Teil war massig wie ein Walkörper. Von Kopf bis Schwanz maß sie zweieinhalb Kilometer. Alles in allem bedeckte die Insel keinen Quadratkilometer, die höchste Erhebung ragte knapp vierzig Meter übers Wasser. Etwas Strand, etwas Steilküste, Buchen- und Eichenwald – und dazu elf reetgedeckte Häuser und eine Schiffsanlegestelle für die beiden Boote der Volksmarine aus Lauterbach, die die Verbindung über die drei Kilometer zur Insel Rügen hielten. Das Festland im Süden war etwa zwanzig Kilometer weit weg.

Ausgerechnet die Nazis hatten Vilm 1936 unter Naturschutz gestellt. Der Badetourismus aus Putbus, genau ein halbes Jahrhundert zuvor eröffnet, hatte

Honeckers Ferienhaus auf Vilm von hinten

die Insel derart geschädigt, dass man sie schloss. Nach dem Ende des Krieges lebte der Tourismus wieder auf; allein an den Wochenenden drängten sich auf den wenigen Quadratmetern mitunter über tausend Ausflügler. Ende der 50er Jahre entschied Berlin, diese Art öffentliche Nutzung zu beenden. Fast drei Jahrzehnte wurde Vilm als Urlaubsinsel des DDR-Ministerrates genutzt. Das war nichts Ungewöhnliches: Staatsoberhäupter in aller Welt bevorzugten Inseln als Sommerresidenz. Auf Brioni, einer von vierzehn kroatischen Inseln in der Adria, empfing beispielsweise Josip Broz Tito seit 1947 Staatsgäste und Hollywoodstars. Auf Brioni wurde 1956 auch die Bewegung der Blockfreien mit Nehru und Nasser aus der Taufe gehoben.

Anders auf Vilm. Dort spannte man in der Abgeschiedenheit aus – auch wenn täglich ein Kurier Post und Zeitungen aus der Hauptstadt brachte. Es steht zu bezweifeln, dass alle diese Ruhe und den Müßiggang so schätzten wie EH. Von Gerhard Beil ist überliefert, dass er einmal von Honecker zum Urlaub eingeladen wurde und sich zu Tode auf der Insel langweilte, weshalb er, um Wiederholung zu vermeiden und um nicht unhöflich zu erscheinen, rechtzeitig unaufschiebbare Dienstreisen terminierte. So hatte er immer einen Grund, bedauernd Honeckers Einladung abzulehnen. Dieser spulte sein Programm ab: Frühstück, Zeitungs- und Aktenstudium, ein wenig die Beine vertreten, Mittagessen und kleines Nickerchen, danach ein Stückchen Kuchen – entweder Kirsch- oder Apfelstreusel, auf keinen Fall Creme- oder Sahnetorten – und dazu Nescafé.

Auch dies eines der großen Welträtsel, warum Honecker auf löslichen Kaffee so abfuhr. Jeder Mensch trank Bohnenkaffee, nichts duftete angenehmer als frisch gemahlene, nicht zu scharf gebrannte Kaffeebohnen, und schließlich das feine Aroma von frisch Gebrühtem. Nein, es musste bitterer Instantkaffee sein, der den Namen »Kaffee« nicht verdiente. Und jeden Abend gab es eine Filmvorführung.

Margot Honecker beschäftigte sich mit Tochter Sonja, später mit Enkel Roberto, sie war ein Familienmensch und, anders als ihr Mann, noch immer ein starker Raucher. Ich musste dafür sorgen, dass immer genügend HB im Haus waren. Mir schien das Verhältnis zwischen meinem Chef und seiner Frau ein wenig distanziert, ein turtelndes Liebespaar waren sie nicht. EH zeigte nie Gefühle, und auch sie war stets von kühler Ratio beherrscht. Das änderte sich nach meiner Beobachtung, als Enkel Roberto in ihrer beider Leben trat. Als Großeltern zeigten sie normale menschliche Regungen.

Dieser entschleunigte Tagesablauf im Urlaub, der für andere darum wenig attraktiv war, wurde mit der Unerbittlichkeit eines Uhrwerks absolviert. Deshalb drängte es nur wenige, mit EH gemeinsam den Urlaub zu verbringen, egal wo. Es wurden ohnehin allenfalls vier Häuser für urlaubende Familien auf Vilm reserviert, denn in den übrigen Objekten wurden das Service-Personal, die Personenschützer, die Ärztin und eine Physiotherapeutin untergebracht.

Für mich begann der Tag mit der Vorbereitung des Frühstücks. Die Lebensmittel kamen frisch von

Lauterbach herüber, die Brötchen aus unserer Bäckerei in Wandlitz. Er verzehrte davon zwei, dazu gab es Ei in unterschiedlicher Form: gekocht, gebraten mit Schinken, also very british, gerührt oder als Spiegelei. Die Krönung der Tafel war Honig. Der musste von Langnese sein. Ich wurde den Verdacht nicht los, dass diese Affinität aus Kindheitstagen rührte. Die Hamburger Biskuit-Firma des Exportkaufmanns V. E. H. Langnese produzierte seit 1888 Honig, und dieser war schon bekannt und berühmt, als Honecker noch im Saarland in ärmlichen Verhältnissen aufwuchs. Vielleicht erfüllte er sich mit dem täglichen Löffel Langnese-Honig einen seiner Kinderträume. Zuvor, natürlich, gab es die Zitrone.

Ich hatte den Eindruck, dass in jenem Sommer 1972 ein Experiment erfolgte, dessen Teil ich war. Im

Würste und Herzog (M.) auf Vilm, Sommer 1972

Jahr zuvor, auf dem VIII. Parteitag der SED, war Honecker zum Ersten Sekretär gewählt worden. Er brach mit allen Gewohnheiten seines Vorgängers und legte erkennbar Wert darauf, in der politischen Führung als Gleicher unter Gleichen zu gelten. Zu den wenigen Privilegien, die sich Staats- und Parteichef Ulbricht bewilligt hatte, gehörte eine Abteilung, die sich um sein Wohl und Wehe kümmerte – vom Personenschützer über Koch und Kellner bis hin zu medizinischem Personal. Honecker, keine sechzig und gesund, meinte darauf verzichten zu können und löste diese Abteilung auf. Er wollte bescheiden und unprätentiös erscheinen. Trotzdem bestand für den ersten Mann im Staate objektiv ein erhöhtes Sicherheitsrisiko und -interesse, und dass es auch im sonst friedlichen Zentraleuropa verheerende Terroranschläge geben konnte, sollte man in München während der Olympischen Sommerspiele nachdrücklich vorgeführt bekommen. Anfang September 1972 starben dort 17 Menschen, übrigens unter Mitwirkung von deutschen Neonazis, wie im Juni 2012 vom Bundesamt für Verfassungsschutz freigegebene Akten offenbarten.

Als ich im Sommer '72 erstmals zu Honeckers Urlaubsbetreuung abkommandiert wurde, war ich bereits zehn Jahre beim MfS. Meine Vorgesetzten, und da denke ich zuerst an den Minister, wollten wahrscheinlich die von Erich Honecker aufgelöste Ulbricht-Abteilung reanimieren: aus welchen Gründen auch immer. So schickte man mich als persönlichen Kellner auf die Insel Vilm. Ich war einfach da. Und meine Chefs wollten sehen, wie EH darauf reagierte. Er nahm mich wahr und sagte kein einziges Wort. Der Versuchsballon war erfolgreich gestartet. Schon bald sollte es wieder eine Betreuungsgruppe geben, die weitaus größer war als die aufgelöste Abteilung des Vorgängers.

Ich trug in der Hosentasche eine tschechische Pistole mit dem Namen »Duo«. Die Waffe mit dem Kaliber 6,35 mm war nicht größer als mein Handteller, weshalb sie von manchem nur abschätzig »Pistölchen« genannt wurde. Mich störte lediglich, dass es kein Holster gab, weshalb ich sie lose in der Hosentasche trug. Und damit sie beim Laufen nicht scheuerte, schlug ich sie in ein Taschentuch ein.

Meine einzige militärische Ausbildung erfolgte an drei Tagen im Jahr, dazu gehörte auch das Schießtraining. Mit dem »Pistölchen« traf ich immer ins Schwarze. Trotzdem hatte ich kein Verhältnis zu dieser wie zu jeder anderen Waffe, ich empfand sie als störend. Wenn ich Honecker das Essen auftrug oder die leeren Teller abräumte, sperrte sich das Metall in meiner Hose.

Sofern sich Gelegenheit ergab, legte ich das Ding darum beiseite. So auch einmal, als wir mit dem Regierungszug unterwegs waren. Ich packte das Schießeisen in den Kühlschrank – und vergaß es dort beim Aussteigen. Am nächsten Tag durfte ich bei Generalleutnant Franz Gold antreten. Er leitete seit 1950, also faktisch seit Anbeginn, die Hauptabteilung Personenschutz. Gold war als Wehrmachtsoldat zur Roten Armee übergelaufen, gehörte zu den Mitbegründern des Nationalkomitees »Freies Deutschland« und hatte als Partisan in der Slowakei

Nach getaner Arbeit im Regierungszug mit Kollegen,
Herzog in der Mitte und Pistole im Kühlschrank

gegen die Nazis gekämpft. Er war eine Persönlich-
keit mit Charakter.

General Gold zog ein Schubfach auf, holte meine
Pistole hervor und legte sie vor mich auf die Platte.
Wenn Sie sie nicht brauchen, sagte er ganz ruhig,
dann geben Sie die Waffe eben ab. Mehr nicht. Jeder
andere an seiner Stelle hätte mich möglicherweise
zusammengefaltet, bestraft, degradiert, was weiß ich.
Ich hatte meine Waffe verloren, was in den Augen
der meisten Militärs unverzeihlich war. Franz Gold
aber sagte seelenruhig, ich solle sie abgeben, wenn
ich sie nicht brauche.

Natürlich brauchte ich sie nicht. Das hatte er sehr
richtig erkannt. Warum also sollte ich beim Kellnern
eine Pistole mit mir herumtragen? Ehe ich im Ernst-

fall den Teller fallengelassen und sie aus dem Taschentuch gewickelt hätte, wäre ich schon längst mausetot. Und Honecker gewiss auch.

Also gab ich nach zwei Jahren meine Pistole beim Waffenwart ab. Ich habe nie wieder eine getragen.

Ich war in den Folgejahren regelmäßig im Sommer auf der Insel und erfüllte meinen Auftrag, die Wünsche der mir Anempfohlenen von deren Augen abzulesen. Von Vilm ging es direkt auf die Krim zum Treffen mit Leonid Breshnew. Wir flogen mit dem Hubschrauber ab Lauterbach entweder nach Marxwalde, das heute Neuhardenberg heißt, oder nach Berlin-Schönefeld. Von dort starteten wir nach Simferopol.

Im Regierungsflieger (v.r.n.l.): Adelhart Winkler, Honeckers Chefbegleiter; Wolfgang Haferburg, der zweite Kellner; Eberhard Lompscher, Winklers Stellvertreter; ein Unbekannter vom Personenschutz, Lothar Herzog

In Marxwalde war die Regierungsfliegerstaffel stationiert. Die Start- und Landebahn war für IL 14 und IL 18 ausgelegt, den ersten Dienstfahrzeugen der Regierungsmannschaft. Danach wurde die TU 124 und die TU 134 für diese Zwecke genutzt. Als jedoch der Langstreckenflieger IL 62 in die Staffel kam, erwies sich die Piste in Marxwalde als zu kurz. Deshalb flogen wir, wenn der große Vogel genommen wurde, ab Schönefeld.

Dieser Flugzeugtyp, von dem die INTERFLUG nach meiner Erinnerung 15 Maschinen besaß, beförderte üblicherweise an die 180 Passagiere. Im umgebauten Regierungsflieger saßen beim Flug zur Krim nur Erich Honecker, sein persönlicher Begleiter Adelhart Winkler (oder sein Stellvertreter Eberhard Lompscher), die Ärztin – meist Prof. Dr. Helga Wittbrodt, die Leiterin des Regierungskrankenhauses, oder Dr. Hannelore Banaschak, Chefärztin für Anästhesie im Regierungskrankenhaus, seine Leibärztin – sowie der Steward, also ich.

Bei einer der ersten Flüge passierte mir ein Malheur. Ich musste in der Pantry auch die Speisen zubereiten. Inzwischen waren die sogenannten Schnellkochtöpfe in Mode gekommen, und auch an Bord gehörten sie zur Ausstattung. In Wandlitz und auf Vilm benutzten wir traditionelles Kochgeschirr, ich kannte mich damit nicht aus. Dass in dem fest verschlossenen Behältnis Überdruck herrschte, wodurch die Kochzeit verkürzt wurde, merkte ich erst, als mir die Kartoffeln in zehntausend Meter Höhe um die Ohren flogen. Ich hatte den Deckel in Unkenntnis falsch geöffnet. Ersatzkleidung hatte ich nicht dabei, ich konnte mich also nur notdürftig von meiner Garnierung säubern. Das war jedoch kein Drama: Honeckers Augen studierten, wie üblich, nur die Akten und nicht meinen Anzug. Oder er unterhielt sich mit der Ärztin

Im Vorjahr, 1971, hatte erstmals der erste Mann der KPdSU und Führer des sozialistischen Lagers die Parteichefs der verbündeten Staaten zum Gespräch in sein Urlaubsdomizil bei Jalta geladen. Jene Begegnung wie auch die 1972 und 1973 fanden kollektiv statt. Dann pausierte Leonid Breshnew zwei Sommer lang. 1976 nahm er die Treffen wieder auf, diesmal jedoch erfolgten sie bilateral und unter Teilnahme eines Dolmetschers und des DDR-Botschafters.

Diese Begegnungen schienen nach meiner Wahrnehmung ohne genaue Terminierung zu erfolgen.

Krimtreffen Sommer 1980. Links Parteichef Leonid Breshnew, rechts Außenminister Andrej Gromyko. Am Bildrand Honeckers Dolmetscher Bruno Mahlow

Nach unserer Landung in Simferopol wurden wir in einem dortigen Hotel einquartiert, Honecker fuhr an die Küste und kam unweit von Breshnews Sommerresidenz in einem Gästehaus unter – und wartete. Er konnte sich die Zeit mit Schwimmen, Filmvorführungen und Billardspielen vertreiben – die Ausstattung des Gästehauses war wie die in Wandlitz, aber da wie dort nahm Honecker keinen Queue in die Hand. In Wandlitz sah ich nie einen der etwa fünfzig Bewohner Billard spielen. Dort lochte nur das Personal ein.

Erich Honecker wartete also geduldig in der Datscha, bis er von Breshnew empfangen wurde. Das konnte zwei bis drei Tage dauern. Nach dem Treffen ging es sofort zurück in die DDR zur Fortsetzung des Urlaubs auf Vilm. Offen gestanden: Ich fand diesen Umgang mit Honecker, immerhin Staats- und Parteichef, skandalös. Es war stillos und entwürdigend, ihn stets wie einen zufällig des Weges Kommenden warten zu lassen. Nach meiner Überzeugung handelte es sich nicht um Schlamperei von Breshnews Stab, der die Termine koordinierte, auch nicht um Übermittlungsfehler – so etwas passierte allenfalls ein Mal –, sondern das hatte Methode. Offenkundig wollte man ihm zeigen, wer hier das Sagen und wer sich anzustellen hatte.

Erich Honecker nahm diese Demütigung schweigend hin. Auf dem Rückflug benahm er sich wie immer. Keine Unmutsbekundung, keine schlechte Laune, nichts. Er schluckte alles runter und verlor darüber kein böses Wort. Da war er loyal bis zur Selbstaufgabe.

Ob diese persönlichen Begegnungen in Jalta politisch und menschlich tatsächlich etwas brachten, steht dahin. Die Wissenschaftler, die später die Protokolle auswerteten, stellen dies in Abrede. Im Wesentlichen habe es sich um zwei Monologe gehandelt, nicht um einen Dialog, kein entspanntes, in Urlaubsatmosphäre geführtes Gespräch zweier vermeintlich befreundeter Staatsmänner.

Wie wurde ich Personenschützer?

Auftraggemäß meldete ich mich Mitte Januar 1962 in der Hauptabteilung Personenschutz in Berlin. Ich fragte mich zu der Dienststelle in der Schnellerstraße in Treptow durch. Dort wurde ich zwei Tage unterwiesen, danach unterzeichnete ich eine Verpflichtungserklärung, die ich zuvor nach Diktat handschriftlich zu Papier gebracht hatte. Ich sollte fortan jederzeit und an jedem Ort meinem Staat DDR treu dienen, gegenüber jedermann über meine Arbeit Stillschweigen wahren (auch gegenüber den Eltern, dem Ehepartner und den Kindern), übertragene Aufgaben gewissenhaft erfüllen sowie Befehle und Weisungen ohne Diskussion pflichtbewusst ausführen und so weiter.

Ich bekam einen Dienstausweis mit dem strikten Hinweis ausgehändigt, mir unter keinen Umständen damit persönliche Vorteile zu verschaffen.

Somit war ich offiziell Mitarbeiter des MfS, aber eigentlich nur konspirativ: Es durfte ja niemand aus meiner Umgebung wissen.

Meine Arbeitsstelle sollte sich in der Waldsiedlung in der Nähe von Bernau befinden. Ich hatte davon noch nie etwas gehört und folglich keine Vorstellung, was mich dort erwartete.

Ich bezog ein Bett in einem Ledigenwohnheim in Karlshorst. Das Zimmer teilte ich mit einem Bäcker. Der Raum war ziemlich groß und wurde mit einem Kohleofen beheizt. Unsere Wohngemeinschaft bestand nicht lange. Der Bäcker wurde morgens 3 Uhr mit einem Auto abgeholt und nach Wandlitz gefahren, wo er – wie jeder andere Bäcker in der Stadt – Schrippen und Brot in den Ofen schob. Ich hingegen arbeitete in einem sogenannten Zwei-Schicht-System, das hieß wochenweise entweder von 7 bis 16.30 Uhr oder von 15 bis 23 Uhr. Man quartierte mich um. Fortan teilte ich ein Zimmer mit einem Koch und einem Filmvorführer. Das waren umgängliche Leute, und die Probleme, die wir miteinander hatten, waren die üblichen in einer Männer-WG. Oft blieb die Bude kalt, weil angeblich keiner Zeit gehabt hatte, um den Kohleofen zu heizen, oder sie war warm, während wir in Wandlitz arbeiteten, und wieder ausgekühlt, wenn wir zurückkehrten. Zudem klemmte es beim Reinigen und mit dem Abwasch.

Das alles war jedoch nichts gegen das Bad und die Toilette mit Wasserspülung. Welch dramatischer Fortschritt zu meinem bisherigen Leben, den nur jemand ermessen kann, der wie ich in solch ärmlichen Proletarierverhältnissen aufgewachsen ist.

Nach etwa drei Jahren wurde ich verlegt. Ich bezog ein Zweibett-Zimmer in einem Ledigenwohnheim in der Pankower Tschaikowski-Straße. Mein Bettnach-

Mit Koch, Kellner und Kollegen aus der Küche in Hubertusstock zu Weihnachten, Ende der 60er Jahre

bar war Kellner wie ich und trug den ungewöhnlichen Vornamen Eisenhard.

Kluger und ich zogen im Dezember 1967 aus, weil wir des Lebens in Wohnheimen überdrüssig waren und beschlossen hatten zu heiraten.

Unsere gemeinsame Arbeitsstelle befand sich in der Waldsiedlung. Diese bestand aus 21 Einfamilienhäusern, die an drei Straßen standen. Bis auf ein Haus waren alle von Politbüro-Mitglieder bewohnt, im 21. befand sich ein Kindergarten. Der konnte allerdings bald wieder geschlossen werden. Die Kinder der Politbüromitglieder wurden nämlich nicht nur älter, es kamen auch keine weiteren nach.

Die Häuser verfügten über vier bis sechs Zimmer, waren vollständig möbliert und wurden zur Miete bewohnt. Im Sommer, während der Urlaubszeit, wurden sie renoviert oder umgestaltet. Daneben gab es ein Klubhaus mit einem Restaurant, einem Schwimmbad, einer Sauna, einer Kegelbahn, einem Billardraum, einem Schießkeller und einem Kinosaal. Auch ein Friseurladen existierte und etliche Lagerräume für Lebensmittel, Geschirr, Gläser und Bestecke. In den 70er Jahren wurde aus- und angebaut und der medizinische Bereich ergänzt. Ein Arzt befand sich wie wir in ständiger Bereitschaft.

Zunächst machte ich mich erst einmal mit den örtlichen Gegebenheiten vertraut. Die meisten Gebäude waren neu, viele erst im Vorjahr übergeben worden. Das junge Personal kam aus der ganzen Republik und musste sich erst finden, lediglich bei den Vorgesetzten handelte es sich um qualifizierte Gastronomen, die bereits in erstklassigen internationalen Hotels Erfahrungen gesammelt hatten.

Sie teilten zu Beginn ein Problem mit uns: Unsere Gäste mussten mit »Genosse« und »Genossin« angeredet werden. Das war, zugegeben, gewöhnungsbedürftig. Nicht minder ungewöhnlich die Zweiteilung der hermetisch abgesicherten Siedlung. Neben dem Kern gab es einen Außenring, in welchem die Dienstleistungseinrichtungen lagen. Dort waren die Notstromaggregate stationiert, die bei Bedarf Energie für das ganze Objekt erzeugten, der – mit den Jahren immer größer werdende – Fuhrpark und eine Tankstelle sowie die Autowerkstatt. Reparaturen und Betankung der Privat-Pkw erfolgten unentgeltlich, wovon später insbesondere die erwachsenen Kinder einiger Politbüromitglieder gern Gebrauch machten. Ferner gab es dort eine Bäckerei, eine Wäscherei und eine

Gärtnerei, die vor allem den Bedarf an frischen Schnittblumen deckte. Und schließlich befanden sich in jenem Außenring die Unterkünfte der Personenschützer, der Fahrer sowie der Handwerker, des medizinischen Personals, der Hausangestellten und der Feuerwehr.

Für alle war der Innenring tabu – es sei denn, dass ihre dienstlichen Verpflichtungen sie zum Betreten oder Befahren des Allerheiligsten zwangen. Dieses aus übertriebenem Sicherheitsinteresse veranlasste Verdikt hatte bisweilen ärgerliche Konsequenzen, etwa wenn irgendwelche Spezialisten von außerhalb der Siedlung und des MfS benötigt wurden. Das Procedere ihrer Sicherheitsüberprüfung dauerte bisweilen länger als die Reparatur, die sie ausführen sollten.

Zufahrt zur Waldsiedlung heute. Dort befinden sich verschiedene medizinische Einrichtungen

Die meiste Zeit verbrachten wir wartend und untätig. Tagsüber verirrte sich niemand ins Restaurant, denn die Personen, für die wir kochen und auftischen sollten, waren in Berlin und beschäftigt. Sie kamen erst am späten Abend nach Hause und verspürten verständlicherweise wenig Lust, noch ins Klubhaus zu kommen. Trotzdem hatten wir zur Verfügung zu stehen. Die Spätschicht endete erst 23 Uhr. Wenn sich jedoch jemand zu uns verirrte, gab es keine Sperrstunde.

Zu Beginn meiner Tätigkeit in der Waldsiedlung war das zunächst alles anders. An den Wochenenden herrschte im Klubhaus großes Gedränge, mitunter erschien ein Dutzend Familien fast gleichzeitig zum Mittagessen. Jede wollte zuerst bedient werden, was logischerweise zu gewissen Problemen führte. Doch die meisten – Grotewohl, Matern, Norden, Ebert, Stoph, Lamberz – zeigten sich verständnisvoll und hielten sich mit Vorhaltungen zurück, sie wussten schließlich, in welchem Arbeitsverhältnis wir standen. Insofern behielt ich diese Politbüromitglieder und ihre Familien in angenehmer Erinnerung. Auch die Ulbrichts, obwohl er und seine Frau Lotte so gut wie nie im Klubhaus zum Essen erschienen. In ihrem Haus, dem größten, arbeiteten ein Koch und ein Kellner nur für sie.

Im Sommer 1964 – es war das Jahr meiner Parteiaufnahme – kamen sie doch einmal zu uns. Sie trugen eine dem warmen Wetter angemessene luftige Kleidung und fragten mich, warum ich den Frack trüge, ob ich darin nicht sehr schwitze. Was natürlich der Fall war. Walter Ulbricht ließ den

Restaurantleiter kommen, und Lotte wies ihn an, dass die Kleiderordnung zu ändern sei. Wir sollten künftig etwas Leichteres tragen. So tauschten wir diesen blöden Frack gegen eine weiße Jacke, und wenn es besonders heiß war, trugen wir lediglich ein weißes Sommerhemd. Ich meine, dass die beiden nicht nur dem Personal einen Gefallen damit taten, sondern auch sich selbst. Sie mochten diese übertrieben vornehme Gewandung nicht, das war ihnen zu bürgerlich, zu höfisch, sie fühlten sich in einer solchen Umgebung unwohl.

Der Ansturm an den Wochenenden führte zu einer fortgesetzten Aufstockung des Personals. Anfang 1962 waren wir fünf Kellner, drei Köche und zwei Küchenhilfen, fünf Jahre später schon dreimal so viele Kellner, dazu acht Köche und vier Küchenhilfen. Einer der Gründe war auch die Ausweitung unseres Tätigkeitsfeldes. Wir arbeiten nicht nur in der Waldsiedlung für die Mitglieder des Politbüros, sondern begleiteten sie auch auf Dienst- und Urlaubsreisen. Selbst innerhalb der DDR mussten bestimmte Funktionäre immer von einem Kellner, manchmal auch von einem Koch begleitet werden. Auf meine Arbeit im Regierungszug oder im Salonwagen, in Sonderflugzeugen und auf der Regierungsyacht in Berliner Gewässern oder auf der Ostsee werde ich später noch zu sprechen kommen.

Nach 1970 leerte sich das Lokal, und es wurde üblich, dass Bestellungen per Telefon eingingen. Wir wurden so etwas wie ein Pizza-Service und lieferten auf Zuruf in die Häuser, obgleich dort oft Haushaltshilfen tätig waren, deren Zahl sich im Laufe der

Jahre beachtlich vermehrte. Wir brachten die Platten mit Aufschnitt oder Braten, Obst und Gemüse mit unserem Dienstwartburg in den inneren Zirkel. Die einen wollten bedient werden, die anderen nicht. Margot Honecker zum Beispiel lehnte eine solche Dienstleistung in ihrem Hause ab. Wir stellten die Lieferung in die Küche, und sie verfuhr damit wie jede andere Hausfrau auch.

Vor den Wochenenden wurden Speisekarten gedruckt, die in die Häuser gegeben wurden. Dort konnte die Kartoffelsuppe mit Würstchen für Samstag und der Sonntagsbraten vorbestellt werden, die wir dann ebenfalls lieferten.

Irgendwann mokierte sich einer – Namen wurden bei solchen Beschwerden nie publik – über den angeblichen Lärm, den unser Zweitakter machte. Daraufhin wurde ein VW-Transporter angeschafft, der aber nur unwesentlich leiser war. In der Waldesstille im Waldfrieden wurde jedes Geräusch als störend empfunden.

Die Beschwerde kam auf keinen Fall aus dem Haus Nr. 11, wo Honeckers wohnten. Denn Margot Honecker fuhr privat selbst einen Wartburg. Und sie hatte durchgesetzt, dass ihr Auto nicht im Fuhrpark im Außenring stand, sondern wie bei jedem normalen Menschen vorm Haus. Es war nicht nur gewünschte Normalität, sondern auch der erfolgreiche Versuch, ihren Personenschützern zu entkommen (was natürlich auch mit der Herstellung von Normalität und Egalität zu tun hatte). Sie bestieg ihren Wartburg und war einfach weg. Ohne Vorwarnzeit entwischte sie ihren Aufpassern nach Berlin oder sonstwohin.

Nr. 11, Wohnhaus der Honeckers, Aufnahme 2012

Die vorm Klubhaus abgestellten Lieferfahrzeuge nahmen in den 70er Jahren auffällig zu. Ein Auto stand zur allgemeinen Verfügung, ein weiteres (mit Fahrer) wartete ausschließlich zur Realisierung einer Order von Erich Honecker, je ein Fahrzeug war nur für Günter Mittag und Horst Sindermann bestimmt, und zwei weitere Autos für den seltenen Fall, dass zwei Politbüromitglieder am Samstag oder Sonntag gleichzeitig 12.30 Uhr ihr Mittag serviert haben wollten.

Normal war das alles nicht, aber daran nahm niemand Anstoß. Es war halt so. Auch dass das gesamte Klubhaus die meiste Zeit nur auf Stand-by war.

In den 60er Jahren kam Walter Ulbricht gelegentlich vorbei und trank seinen Beaujolais. Den Rotwein hatte er offenkundig in seinem französischen Exil schätzen und lieben gelernt, anderen Wein oder gar harte Sachen trank er grundsätzlich nicht.

Weitere Bewohner, auch Honecker, erschienen in den frühen Jahren, wie schon erwähnt, regelmäßig zum Skat mit drei, vier Kollegen. Werner Jarowinsky kam oft, Paul Verner vorzugsweise an den Wochenenden, auch Horst Sindermann war häufig Gast. Doch die meiste Zeit blieben die zwölf Tische – sieben an der Fensterfront – so leer wie die Couchecke, der Billardraum und die Kegelbahn. Der Kinosaal mit 50 Plätzen war vermutlich niemals voll, ich habe es jedenfalls nie erlebt. Gespielt wurde planmäßig donnerstags, samstags und sonntags, am Sonntagvormittag wurde ein Kinderprogramm angeboten. Paul Verner war immer da, Frau Jarowinsky manchmal, Kurt Hager nur, wenn er musste. Denn manchmal gab es Vorabaufführungen oder Abnahmen, bei denen man sich kollektiv eine Meinung bildete, ob es sich um einen guten oder um einen schlechten Film handelte.

Gespielt wurde, wenn einer im Saal saß. Wenn jemand, der den 20-Uhr-Film aus irgendwelchen Gründen nicht sehen konnte, diesen beispielsweise schon um 16 Uhr vorgeführt bekommen wollte, dann wurde selbstredend der Wunsch erfüllt – und zur regulären Zeit lief der Film noch einmal. Sofern ihn dann jemand sehen mochte. Der Filmvorführer war für jede Abwechslung dankbar. Später, in den 70er und 80er Jahren, als Honecker zunehmend das Gästehaus am Döllnsee nutzte, musste er mit seinem Projektor dorthin.

Zu den unangenehmsten Gästen zählte übrigens Günter Mittag. Er kreuzte prinzipiell unangemeldet auf und verlangte stets Kotelett nature, scharf gebraten und mit einem möglichst großen Knochen, den er mit Genuss abnagte. Dazu verlangte er Kopfsalat mit Speckgrieben. Das ging ja noch hin. Er trank dann zum Wasser einen Weinbrand, schließlich einen zweiten, weil man auf einem Bein nicht stehen konnte, beim dritten lud er den Kellner ein, weil er nicht allein trinken mochte. Das widersprach nun allen Regeln der Gastronomie, doch uns war befohlen, jeden Wunsch unserer Gäste zu erfüllen, also auch diesen. Und das war das Ärgernis. Ich bin oft nahezu volltrunken zum Bus gewankt, der uns nach Berlin brachte. Gottlob ließ das in den 70er

Aufgetischt. Kleiner Jagdimbiss

Jahren nach, die Genossen liefen auseinander und trafen sich nicht mehr im Klubhaus. An den Wochenenden saßen sie auf ihren formidablen Datschen und gingen gelegentlich zu zweit oder zu dritt auf die Jagd.

Auch wenn die Politbüromitglieder selten unsere Gäste im Klubhaus waren und wir sie nicht angafften, sondern nur bedienten, registrierten wir sehr wohl ihre Tischmanieren. Generell kann man sagen, dass diese in der Regel verbesserungsbedürftig waren. Die meisten hatten ganz offenkundig keine gute Kinderstube, wo man es ihnen beibrachte, wie man sich bei Tisch zu benehmen hat. Da wurde schon mal mit vollem Mund gesprochen und vernehmlich die Suppe geschlürft, wie es die Chinesen tun, und ein Rülpser galt wie zu Luthers Tagen als Ausdruck dafür, dass das Essen geschmeckt hatte. Bei manchem lag die Linke vorm Teller oder wie in Skandinavien auf dem Schoß. Und dass das Besteck nicht zum Nachdruck der Rede diente, sondern ausschließlich zum Zerteilen des Fleisches, schienen die wenigsten zu wissen. Lediglich ehemalige Sozialdemokraten, etwa Otto Grotewohl oder Friedrich Ebert, hantierten sehr kultiviert mit den Bestecken, sie kreuzten Messer und Gabel, wobei der Gabelrücken nach oben zeigte, womit man signalisiert, dass man noch nicht mit dem Essen fertig ist, oder sie legten die Werkzeuge parallel auf den Teller zum Zeichen, das abgeräumt werden konnte. Niemand von ihnen wäre auf den Gedanken gekommen, den leeren Teller zur Mitte des Tisches zu schieben, um uns aufzufordern, endlich abzuräumen und den nächsten Gang zu servieren.

Etwas bescheidener: Imbiss bei der Elchjagd in Finnland mit Ministerpäsident Mauno Koivisto

Und tatsächlich gab es auch einige, denen man nicht beigebracht hatte, dass man Kartoffeln, Sauce und Gemüse nicht zu einer amorphen Masse verrührte, sondern allenfalls auf der Gabel vermengte.

Die wenigsten breiteten die Serviette über die Oberschenkel und stopften sich diese nicht hinter den Binder. Und bevor etwa Grotewohl zum Weinglas griff, tupfte er sich die Lippen, wie es sich gehörte, um Fettränder am Glasrand zu vermeiden. Das ignorierten die anderen. Sie fassten auch nicht wie er die Weingläser am Stiel, um nicht den Inhalt unnötig zu erwärmen, und kippten den Wein stattdessen in einem Zug wie einen Kurzen. Die meisten unserer Gäste hätten bei einem Kursus »Tischmanieren« gewiss viel Neues erfahren. Doch sie hielten es wie in ihrem Beruf: Sie hatten ein bedeutendes, wichtiges Amt, und darum waren auch sie wichtig und bedeutend, und was sie taten oder unterließen, war es folglich auch.

Das alles jedoch wurde mir erst im Laufe meiner Jahre bewusst. Meine – gewiss verständliche – Ehrfurcht vor diesen Persönlichkeiten ließ mich über manches hinwegsehen. Später sah ich das kritischer. Natürlich konnten sie mit meiner Nachsicht rechnen: Die meisten kamen aus einfachen, bescheidenen Verhältnissen, und sie kämpften in der Illegalität oder ums Überleben, während Gleichaltrige ihre bürgerlichen Benimmkurse absolvierten. Aber inzwischen hätten sie das zwangsweise Versäumte nachholen können – wenn sie denn dieses Defizit auch als ein solches begriffen hätten. Aber genau das

Daheim liebte man es halt deftig-rustikal (Lothar Herzog links neben dem Koch)

taten sie nicht. Und es war niemand da, der ihnen das mitzuteilen wagte. In vielen Dingen äffte mancher der Bourgeoisie nach und zeigte Anflüge von Gutsherrenmentalität. Ausgerechnet dort, wo es nichts kostete, aber einen guten Eindruck machte, verweigerten sie sich demonstrativ.

Mitte der 60er Jahre öffnete der Koch Rolf Anschütz im thüringischen Suhl ein japanisches Restaurant, es war das erste in der DDR und sollte über viele Jahre das einzige hierzulande sein. Das lag nicht am fehlenden Interesse (im Gegenteil: Tisch-Reservierungen dauerten dort bisweilen bis zu zwei Jahren), sondern an den fehlenden Zutaten. Anschütz ging jedoch kreativ mit dem Mangel um. Statt Soja nahm er Worchester-Sauce, Algen ersetzte er durch Spinat und anstelle rohen Thunfischs verwandte er Karpfen. Das sprach sich bis Wandlitz herum, weshalb ein Raum im Klubhaus zum japanischen Restaurant umgebaut wurde.

Jedoch: Es blieb so ungenutzt wie alles andere auch.

Über den Wolken

In den 60er Jahren wurde wenig ins Ausland gereist. Das lag weniger am Wollen, mehr an den Möglichkeiten. Die DDR unterhielt diplomatische Beziehungen zu den Verbündeten, der Rest der Welt, und das war deren größter Teil, ignorierte die zweite deutsche Republik. Dabei gab es nicht wenige Staaten insbesondere in der Dritten Welt, die um der eigenen Anerkennung willen auch die Deutsche Demokratische Republik völkerrechtlich anerkannt hätten, doch da stand die Hallstein-Doktrin vor. Der Staatssekretär im Bonner Auswärtigen Amt hatte formuliert, dass die Bundesrepublik es als unfreundlichen Akt betrachtete, wenn ein Staat zur DDR – welche man selbst nicht einmal so bezeichnete: das war unverändert »die Zone« – eigenmächtig Kontakte knüpfte. Für den Fall diplomatischer Anerkennung drohte Bonn sogar mit dem Abbruch der Beziehungen. Unter dieser Schwelle lagen die Drosselung der Wirtschafts- und Entwicklungshilfe und andere Sanktionen, die jungen Nationalstaaten, welche soeben erst ihre Unabhängigkeit erlangt hatten, schwer zu schaffen gemacht hätten. Und darum beugten sie sich dem Druck, bis Ende des Jahrzehnts die Brandt-Regierung die Hallstein-Doktrin aus dem Repertoire der BRD-Politik strich.

Wenn Bürger der DDR, Politbüromitglieder inklusive, in ein westliches Land reisen wollten, hatten sie dies im in Westberlin ansässigen *Allied Travel Board* zu beantragen. Die von den Westmächten eingerichtete Institution war nicht nur Ausdruck der Ignoranz, sondern auch zur Demütigung der Ostdeutschen gedacht. Ihnen sollte bewusst gemacht werden, dass ihr Staat keiner war. Die vorläufigen Reisedokumente »anstelle eines Passes für deutsche Staatsangehörige«, die ihnen ausgestellt (oder verweigert) wurden, boten zudem die Möglichkeit der Kontrolle und Steuerung der Reisetätigkeit von DDR-Kadern. DDR-Servicepersonal, das etwa zur Wartung von exportierten Werkzeugmaschinen unterwegs war, konnte man wochenlang auf die Papiere warten lassen, so dass irgendwann der genervte Kunde im Ausland es vorzog, diese Maschinen künftig woanders zu kaufen.

Das Allied Travel Board war bis zu seiner Schließung zu Beginn der 70er Jahre also ein sehr wirksames Instrument im Kalten Krieg. Es sollte, wie schon der *Spiegel* 43/1960 offenherzig verriet, »die Sowjetzone an einem höchst empfindlichen Punkt treffen. Seit Jahren nämlich bemühen sich die Außenpolitiker der DDR« darum, beispielsweise über Handelsvertretungen diplomatische Beziehungen anzubahnen. Und genau das sollte auf eben diese Weise verhindert werden.

So hielt sich denn die politische Reisetätigkeit in der ersten Hälfte der Existenz der DDR in sehr engen Grenzen. Meine erste »Dienstfahrt« ging darum nur bis Oberwiesenthal, wo Walter Ulbricht und seine Frau Lotte vom 20. Dezember 1962 bis zum 3. Januar 1963 Urlaub machten. Da ich unverheiratet war, meinte man, mich über die Feiertage in den Süden der DDR abkommandieren zu können.

Ulbricht, das ist bekannt, war auch im vorgerückten Alter noch immer sportlich aktiv, und er wollte auch seine Mitstreiter bewegen, sich zu bewegen, was aber nicht unbedingt auf deren Zustimmung stieß. Nicht minder ablehnend reagierten diese auf die Bemühungen des Chefs, Gemeinschaftserlebnisse zu organisieren, um das Zusammengehörigkeitsgefühl zu stärken. Aber Honecker, Apel, Grüneberg, Mittag und die anderen besaßen nicht den Mut, Ulbrichts »Einladung« abzulehnen, und kamen ihr darum, wenngleich zähneknirschend, nach. WU machte ein Programm, das für alle verbindlich war. Es reichte vom gemeinsamen Essen bis hin zu kollektiven Ausflügen. Ich verstand, dass für manchen solche Pflichtveranstaltungen kaum erholsam waren. Die Menschen sind nun mal verschieden, und jeder entspannt sich auf andere, individuelle Weise. Ulbricht jedoch kam aus einer anderen Generation. In der frühen Arbeiterbewegung gehörten Gemeinschaftserlebnisse zur politischen Grundausstattung, sie prägten die Genossen und schmiedeten ihre Kampfgemeinschaft. Das wollte er irgendwie fortsetzen und weitergeben, doch die Jüngeren folgten ihm darin und in manch anderem nicht.

Für Walter Ulbricht waren solche Gemeinsamkeiten wichtig, sie durften nicht unterbrochen werden etwa durch eine Neujahrsansprache. Deshalb rückte kurz vor dem Jahreswechsel eine Truppe aus Adlershof an, um die Neujahrsansprache des Staatsratsvorsitzenden an die Bürgerinnen und Bürger der Deutschen Demokratischen Republik aus dem verschneiten Erzgebirge zu übertragen. Auch dadurch entging er der Gefahr, dass eine Rede zweimal ausgestrahlt wurde – etwa wie jene Neujahrsansprache von Helmut Kohl vom 31. Dezember 1985, die nach Jahresfrist wiederholt wurde, was sehr zur Erheiterung seiner Landsleute beitrug: der Bundeskanzler als Dalai Lama mit tibetanischer Gebetsmühle …

In den beiden nachfolgenden Jahren lag in Oberwiesenthal mal Schnee und mal keiner, weshalb der Skiläufer Ulbricht veranlasste, ins schneesichere Oberhof zu ziehen. Allerdings erwies sich die Unterbringung dort als schwierig. Ulbrichts kamen im Ferienheim der Thüringer Fleischerinnung unter, wo sie ein Appartement anmieteten, die anderen Politbüromitglieder und deren Familien wurden in einem Ferienheim des Konsums einquartiert. Ich will nicht behaupten, dass sie zwangsweise dort untergebracht wurden, aber ihr Beifall über diese Lösung hielt sich, wie ich merkte, sichtlich in Grenzen. Irgendwann wurde dann entschieden, eigens für diesen Zweck in Oberhof ein neues Erholungsheim zu errichten. Zur Wahrheit gehört aber auch, dass namentlich Ulbricht dafür sorgte, dass Oberhof zum »Kurort der Werktätigen« wurde und nicht, wie es in den 20er Jahren hieß, das deutsche St. Moritz. Das Erholungsheim »Rennsteig« bot Platz für rund 300 Personen und 160 Kinder; für zwei Wochen mit Vollverpflegung zahlte ein Erwachsener etwa 120, je Kind 29 Mark. Wie anderenorts eben auch.

Und fortan hielt Ulbricht seine Neujahrsansprache in Oberhof.

Die ersten weiten Reisen machten wir im Sonderzug, das heißt mit Waggons, die noch aus der Kaiserzeit stammten. Das bedeutete, wir mussten nicht nur die Lebensmittel und Getränke aus Wandlitz mitnehmen, sondern auch die Kohle zum Heizen des Küchenherdes und Eisstangen zum Kühlen der Lebensmittel. Der Sonderzug bestand aus mehreren Salonwagen, aus Schlaf- und Speisewaggons sowie Spezialwagen für die Sicherheit und den Funkverkehr. Dazu gab es noch einen Vor- und einen Nachzug, außerdem wurden alle Brücken und Eisenbahnüberquerungen durch Volkspolizisten und MfS-Angehörige gesichert. Ziemlich viel Aufwand für einige Politbüromitglieder, die Angst vorm Fliegen hatten.

Lotte und Walter Ulbricht, beide jenseits der 70, beim Skilaufen in Oberhof

Meist jedoch, wenn nur einer allein mit seinen Mitarbeitern reiste, wurde lediglich ein Salonwagen an einen normalen Zug gehängt und dieser wie gewöhnlich abgesichert.

Einmal endete meine Fahrt an der sowjetischen Grenze in Brest, wo üblicherweise umgespurt wurde. Matern und die Delegation stiegen in einen sowjetischen Salonwagen um, und unser Waggon wurde kurzerhand an einen nach Berlin fahrenden Zug angehängt.

1965 besuchte das jugoslawische Staatsoberhaupt mit einem Regierungszug die DDR. Unsere Leute schauten sich Titos modernes Gefährt aufmerksam an und bauten es nach. Der Zug bestand aus bequemen Salonwagen, kombinierten Schlafwagen mit Bad und Toiletten, einem Speisewagen ohne Küche und einem eigenständigen Küchenwagen mit Kühlschränken

Im Regierungszug mit der Küchenmannschaft

und Herden auf Ölbasis sowie einem Transportwagen und einem Waggon mit modernen Kommunikationsmitteln. Allzuoft wurde dieser Zug nicht eingesetzt, denn Reisen mit der Bahn kostet Zeit. Und die wurde auch bei DDR-Politikern immer knapper und damit kostbarer.

Deshalb ging das Politbüro bald in die Luft.

Im Mai 1962 war meine Flugverträglichkeit getestet worden. Den Probeflug überstand ich ohne Probleme. Den nächsten Test absolvierte ich, als die erste IL 62 in die Regierungsfliegerstaffel, das Transportfliegergeschwader 44 (»TG 44«), übernommen wurde. An eine Stationierung in Marxwalde war zunächst nicht gedacht, doch nachdem die Entscheidung über den Ausbau von Schönefeld aus Kostengründen in den 70er Jahren zurückgestellt worden war, musste Marxwalde erweitert werden. Für Baumaßnahmen wurden dort 94 Millionen Mark bewilligt. In Schönefeld mussten dennoch weitere 30 Millionen für den neuen Vogel investiert werden, allein die Anlage eines Abstellplatzes verschlang ein Viertel davon.

Wir flogen elf Stunden bis nach Chabarowsk, das liegt im Fernen Osten, wo der Grenzfluss Ussuri in den Amur mündet. Dort hatten sich vor wenigen Jahren, 1969, sowjetische und chinesische Grenztruppen schwere Gefechte geliefert. Äußerer Anlass war der Streit um die Insel Damanski im Grenzfluss, die nicht einmal so groß war wie die Insel Vilm. Der Streit sollte erst 2005 enden, nachdem die Parlamente in Peking und Moskau den 1995 ausgehandelten Vertrag ratifizierten, in welchem Russland den Anspruch Chinas auf die Damanski-Insel akzeptiert hatte.

Ich war, wenn man so will, der einzige Passagier, denn außer den Besatzungen, die das neue Flugzeug testeten, war sonst niemand an Bord der IL 62. Meine Aufgabe bestand darin, die Gegebenheiten zu studieren. Ich untersuchte die für den Steward relevante Technik und die Stauräume, testete alle möglichen Kücheneinbauten in der Pantry und haute mich dann aufs Ohr. Das gleichmäßige Dröhnen der Triebwerke am Himmel über Sibirien machte verdammt schläfrig.

Im Vergleich zur kleinen, rumpligen IL 14, in die maximal 26 Personen passten, und zur viermotorigen IL 18, in die immerhin 20 bis 50 Personen gingen, war das schon ein riesiger Fortschritt nicht nur an Größe, sondern auch an Komfort. Ich erinnerte mich meines ersten Dienstfluges mit der IL 14. Das war noch 1962, und wir brauchten etwa fünf Stunden bis Moskau, zurück waren es anderthalb Stunden mehr. An Bord befand sich eine Delegation mit Politbüromitgliedern, wer ihr angehörte, vermag ich mich nicht mehr zu erinnern, wohl aber des Aufwandes, den ich zu betreiben hatte. Ich musste vorher minutiös planen, was ich an Speisen und Getränken, an Geschirr, Besteck, Tischtüchern etc. aus Wandlitz mitnahm, denn Nachordern in Moskau oder sonstwo war nicht möglich.

In der in den Fahrgastraum integrierten »Küche« gab es weder einen Kühlschrank noch eine Kaffeemaschine, Speisen konnten nicht gekocht oder irgendwie warm gemacht werden. Es war alles recht simpel, um nicht zu sagen primitiv. Und das sollte eine Lizenz der amerikanischen DC-3 sein? Wenn die dort auch

Ziemlich eng in der IL 14. Und vorm Start wurde ein Drops serviert

so flogen, na gute Nacht, dachte ich. Kaffee und Tee in den Thermoskannen waren bald lau, dafür die Kaltgetränke ziemlich warm. Im Sommer heizte sich die Maschine am Boden auf, in der Luft froren die Getränke manchmal ein. Trotzdem machten mir solche Dienstreisen erheblichen Spaß, insbesondere wenn wir vor Ort ein, zwei Tage oder noch länger blieben. Die Besatzung und das Bordpersonal wurde in guten Hotels oder in Gästehäusern untergebracht, und da wir irgendwie zur Delegation dazugehörten, gab es mitunter ein Besichtigungsprogramm mit Ausflügen und Theaterbesuchen.

In Wandlitz und anderswo wurde unterdessen getüftelt und gewerkelt, wie sich das Bordbuffet verbessern ließe. Das war später, in den 70er Jahren, nicht mehr erforderlich, weil Kühlmöglichkeiten, Heißwasserbereiter, Aufwärmgeräte für Speisen etc. bereits in den neuen Maschinen eingebaut waren. Überhaupt endete mit den 60er Jahren die Phase des Improvisierens. So lieferten wir aus der Waldsiedlung Wandlitz Geschirr, Besteck, Gläser und Speisen selbst für Staatsempfänge in Berlin. Nun waren die in jenem Jahrzehnt nicht so gewaltig wegen der eingangs geschilderten Gründe, doch es bedurfte dennoch eines beachtlichen logistischen Aufwandes. Später erübrigte sich das, es wurden nur noch wir Kellner zur Betreuung abgestellt.

Bei einem dieser Empfänge lernte ich Marianne kennen, sie war Lehrling im Gästehaus des Ministerrates Johannishof; das Gebäude steht noch immer, und zwar gegenüber dem neuen Friedrichstadtpalast. Marianne arbeitete als Zigarettenmädchen, eine Tätigkeit, die es schon lange nicht mehr gibt: Sie ging von Tisch zu Tisch und bot den Gästen Tabakwaren von einem Tablett an. Danach verloren wir uns aus den Augen. Einmal begegneten wir uns zufällig auf dem Alexanderplatz, doch keiner traute sich, den anderen anzusprechen, und so liefen wir grußlos aneinander vorbei und taten so, als hätten wir uns nicht erkannt.

Es gingen Jahre ins Land. Im Dezember 1966 schickte man mich nach Oberhof, um den üblichen Urlaub zum Jahreswechsel von Ulbricht zu begleiten. Inzwischen war das neue Heim fertiggestellt, weshalb ich vor der Zeit abkommandiert wurde, damit ich mich mit der neuen Umgebung vertraut machen konnte. Und dort traf ich erneut Marianne, wir konnten uns nicht aus dem Weg gehen wie weiland auf dem Berliner Alexanderplatz. Sie war als Zimmermädchen eingesetzt und noch immer Lehrling, ich noch nicht 24 und knapp vier Jahre älter als sie. Es musste kommen, was geschehen sollte.

Dieser Arbeitseinsatz blieb uns beiden auch noch aus einem anderen Grunde in lebhafter Erinnerung. In diesem Gästehaus gab es auch einen kleinen Raum für Filmvorführungen. Die Genossen des Politbüros suchten dort Zerstreuung, wobei sie sich nicht nur Produktionen aus den Mosfilm-Studios oder DEFA-Lustspiele anschauten. Sie ließen sich auch andere Streifen vorführen, etwa »Goldfinger«, den dritten James-Bond-Film, der im Vorjahr weltweit in die Kinos gekommen war – die sozialistische Kinowelt natürlich ausgenommen. Ich weiß nicht, ob es Bond alias Sean Connery war, der sie reizte, oder Gerd Fröbe als herrlich schräger Schurke, immerhin ein gebürtiger Sachse wie Ulbricht, was unschwer selbst im Bond-Film zu vernehmen war. Der Vorführer wollte der Entourage eine Freude machen und zeigte uns eben jenen Film, dessen Titelmelodie, gesungen von Shirley Bassey, uns allen seit Monaten als Ohrwurm in den Gehörgängen steckte.

So kann man sagen, dass am Beginn unserer Ehe James Bond stand. Er rettete nicht nur die Welt, sondern auch unsere Beziehung. Schon bald stellte ich Marianne meinen Eltern vor, wir meldeten uns im Juni 1967 im Standesamt Berlin-Johannisthal zur Trauung an und bekamen den ersten freien Termin genannt: den 25. August. Den buchten wir.

Das war keine so gute Idee.

Am gleichen Tag hatte Erich Honecker Geburtstag. Aber das ist schon wieder eine andere Geschichte.

1965 wurde Walter Ulbricht zu einem Staatsbesuch nach Ägypten eingeladen. Die Vereinigte Arabische Republik (VAR) und deren Staatchef Gamal Abd el-Nasser setzte sich selbstbewusst über Bonns Hallstein-Doktrin hinweg. Bonn hatte, seit die Ägypter ihren König Faruk vertrieben hatten, etwa 1,4 Milliarden an Kairo gezahlt, um das Land am Nil bei der Stange zu halten. »Nirgendwo kam Bonn die Hallstein-Doktrin so teuer wie in Ägypten«, schrieb verärgert der *Spiegel* am 24. Februar 1965, als der Staats- und Parteichef der DDR in Kairo eintraf, dessen Besuch die BRD nicht hatte verhindern können. Die Westpresse höhnte über Bundeskanzler Erhard, der es nicht vermocht hatte, die Blockade gegenüber der DDR durchzusetzen.

Nasser pfiff auf alle Drohungen aus Bonn. 1955 war Minister Heiner Rau bereits dort gewesen und schloss ein Handels- und Zahlungsabkommen mit Ägypten, in dessen Realisierung Handelsvertretungen mit Konsular-Status ausgetauscht wurden. 1959 besuchte Ministerpräsident Otto Grotewohl Ägypten und machte aus den Vertretungen Generalkonsulate. Die DDR gewährte dem Land einen Kredit in Höhe von 87,5 Millionen DM, womit eine Baumwollspinnerei vor den Toren Kairos errichtet wurde. Als Walter Ulbricht sie nun besuchte, schrieb der *Spiegel*: »Die von schweren Lidern halbverdeckten Augen des Zonen-Vogts, die sonst so listig funkeln, wurden dort vor Stolz und Rührung feucht.« Das war die herablassende, hasserfüllte Sprache des

Kalten Krieges, derer man sich gelegentlich erinnern sollte.

Die Überlegung, mit einer IL 18 der INTER-FLUG nach Kairo zu fliegen, erledigte sich bereits bei erster Prüfung. Die NATO-Staaten verweigerten die Überflugrechte, Malta, als Zwischenstation in Erwägung gezogen, gestattete keine Landung. So entschied man sich, bis Dubrovnik in Kroatien zu fliegen und dort auf die »Völkerfreundschaft« zu wechseln. Das Urlauberschiff des FDGB sollte die Delegation durchs Mittelmeer nach Alexandria bringen, von dort würde es mit der Bahn weiter nach Kairo gehen.

Ich war Steward an Bord des Regierungsfliegers nach Jugoslawien. Die Stimmung an Bord war ange-

Ulbricht mit Nasser in Kairo, 1965

spannt, es war die erste Staatsvisite der DDR-Spitze in einem nichtsozialistischen Land. Die Einzige, die für etwas Entspannung sorgte, war Lotte Ulbricht, die sich merklich auf die Überfahrt und den Besuch der Pyramiden freute.

In Dubrovnik stieg die Delegation aus. Unsere Maschine wurde betankt, dann drehten wir um und flogen über Ungarn und die Tschechoslowakei nach Berlin zurück. Es war vereinbart, dass wir nach Rückkehr der »Völkerfreundschaft« aus Ägypten die Delegation in Dubrovnik wieder an Bord nehmen würden.

Wir trafen einige Tage vor Einlaufen des Schiffes in Jugoslawien ein. Flugzeugbesatzung und wir Stewards übernachteten im Hotel und schauten uns die Stadt an. So also sah der Sozialismus à la Jugoslawien aus, den Moskau und auch wir pflichtschuldig vor anderthalb Jahrzehnten verurteilt hatten. Über das Verdikt sprach man jedoch nicht mehr, die Wunden begannen zu vernarben.

Walter Ulbricht hatte ich noch nie zuvor derart entspannt und gelöst erlebt wie nach dieser Reise. Er war sich des internationalen Durchbruchs bewusst, auch wenn die diplomatische Anerkennung der DDR durch Ägypten noch einige Zeit dauern sollte. Bonn stoppte noch im März die Wirtschaftshilfe für das Land am Nil und nahm diplomatische Beziehungen zu Israel auf (der kausale Zusammenhang zur Ulbricht-Reise wurde durchaus bestätigt). Daraufhin zog Kairo seinen Botschafter aus Bonn ab und schickte einen in die DDR.

Ich konnte nicht ahnen, dass ich schon bald selbst nach Kairo reisen sollte.

Am 5. Juni 1967 hatte Israel seine arabischen Nachbarn angegriffen, es habe sich um einen Präventivkrieg gehandelt, mit dem man einem angeblichen ägyptischen Überfall zuvorgekommen war, hieß es aus Tel Aviv. Im Kern handelte es sich um den Versuch, die 1956 im Krieg gegen Ägypten erlittene politische Niederlage zu revidieren. Nach einer Woche – daher die Bezeichnung Sechstagekrieg – standen die israelischen Truppen am Suezkanal. Sie hatten die Halbinsel Sinai, den Gaza-Streifen, die syrischen Golan-Höhen, das Westjordanland und Ostjerusalem besetzt. Da die Sowjetunion aus verschiedenen Gründen in den Nahostkonflikt nicht selber eingreifen wollte, schließlich hatte die UdSSR den Staat Israel unmittelbar nach seiner Gründung am 14. Mai 1948 anerkannt, wandten sich die arabischen Staaten an die Verbündeten der Sowjetunion. Die DDR schickte sechs Wochen nach Kriegsende eine Regierungsdelegation unter Leitung des Vizepremiers Dr. Gerhard Weiß nach Kairo.

Ich wurde kurzfristig zu seiner Begleitung abkommandiert. Zwei Tage vor dem Abflug bekam ich alle prophylaktischen Impfungen gegen Malaria, Gelbfieber, Typhus, Cholera und Paratyphus, was dazu führte, dass ich mit hohem Fieber in die IL 18 stieg. Der Flug nach Ägypten dauerte, meine ich mich zu erinnern, sechs oder sieben Stunden. Wohl auch deshalb, weil wir weite Wege über offenes Meer fliegen mussten. Es galten unverändert die gleichen Überflugsverbote wie bei Ulbrichts Staatsbesuch.

Ich war ziemlich aufgeregt, schließlich war dies meine bislang weiteste Reise, die mich zudem auch noch auf einen anderen Kontinent führte: nach Afrika. Auch die Delegation schien ziemlich angespannt und nervös, einzig Gerhard Weiß, ein Mann Ende 40, war ruhig und gelassen. Zumindest vermittelte er diesen Eindruck. Er gehörte zu jener Generation jüngerer Politiker, die von Ulbricht in den 60er Jahren herangezogen worden war. Im Unterschied zu den älteren Funktionären kamen sie nicht aus dem antifaschistischen Widerstand oder dem Exil, sondern hatten allenfalls als deutsche Kriegsgefangene Antifa-Schulen absolviert. In der DDR oder in der Sowjetunion machten sie diverse Fachabschlüsse, weshalb man diese Personen gern »Technokraten« nannte.

Der Diplomingenieur Dr. Gerhard Weiß war dieser Personengruppe zuzurechnen. Seit 1954 Stellvertretender Minister für Außen- und innerdeutschen Handel, war er 1965 zum Stellvertretenden Vorsitzenden des Ministerrates berufen worden. (In dieser Funktion sollte er bis zu seinem Tod 1986 tätig sein.)

Als die Maschine auf dem Flugplatz zum Stehen kam und die Gangway herangerollt worden war, öffnete ich die Tür. Hitze wie aus einem Backofen schlug mir entgegen, dass mir die Luft wegblieb. So etwas hatte ich noch nie erlebt. Fast haute es mich um. Die Delegation ging von Bord, ich begann mit dem Abwasch des Geschirrs und bereitete die verderblichen Lebensmittel zum Transport in unsere Handelsvertretung vor. Dort, so war ich informiert worden, gab es Kühlmöglichkeiten, die wir an Bord nicht besaßen. Wie lange wir in Kairo bleiben würden, war zumindest mir nicht bekannt. Vermutlich wusste das aber nicht einmal der Delegationsleiter.

Die Crew jedenfalls bereitete die Maschine soweit vor, dass wir jederzeit hätten starten können.

Die Erledigung der Einreiseformalitäten zog sich ewig hin, woran wir und die Araber schuld waren. Wir wurden einerseits als Exoten bestaunt, was wir in ihren Augen gewiss waren, und sie ließen alles sehr ruhig angehen, was angesichts der Gluthitze ebenfalls verständlich war. Nach mehreren Stunden erst erreichten wir unsere Unterkunft. Das Hotel befand sich auf einer Insel im Nil und war von einem großen Garten umgeben. Doch die Zimmer besaßen keine Klimaanlage, nur ein Ventilator an der Decke verrührte die warme Luft im Raum. Wir durften unsere Bleibe nicht verlassen, um jederzeit für den Rückflug abrufbereit zu sein. Wir standen also gleichsam unter Hausarrest und in der Nacht starrten schlaflos auf das stockdunkle Kairo, wo nicht eine Glühbirne zu brennen schien. Auch die Fenster des Hotels waren abgedunkelt, so, wie es während des Weltkrieges in unserer Heimat üblich gewesen war. Ich will nicht behaupten, dass wir uns fürchteten, doch das Wissen darum, dass sich Ägypten vor sechs Wochen noch im Krieg befunden hatte, sorgte für eine gewisse Anspannung. Wer wusste denn, ob es nicht jeden Augenblick wieder losgehen konnte?

Die meiste Zeit des Tages verbrachten wir am und im Pool, wobei das Wasser nicht unbedingt zur Abkühlung geeignet war. Es wies 35 Grad auf. Und obwohl wir uns ständig unter Sonnenschirmen versteckten und beim Verlassen des Schattens Kopf und Schulter mit Handtüchern bedeckten, glühten wir bereits am Abend des ersten Tages feuerrot.

. Wir lagen, lasen und spielten Karten und langweilten uns mit unserem Sonnenbrand zu Tode. Einzige Abwechslung bot das Essen, dessen Einnahme und Zusammensetzung noch stark an die englische Kolonialzeit erinnerten. Zwischen 7 und 9 Uhr gab es ein frugales Breakfast mit Tee, Butter und Marmelade, was noch im Hotelpreis inbegriffen war. LunchTime nach 13 Uhr, bestehend aus einem leichten Essen in kleinen Portionen, und spätabends das mehrgängige Diner mussten wir von unserem knapp bemessenen Tagesgeld bestreiten. Wir wurden bei keiner Mahlzeit richtig satt und sehnten bereits beim Aufstehen vom Tisch die nächste herbei.

Nach einer Woche des Wartens und des Hungerns hieß es: Es geht nicht zurück, sondern weiter. Das nächste Ziel sei die syrische Hauptstadt.

In Damaskus war es nicht anders. Mit einer Ausnahme: Das Wasser im Pool hatte gerade mal 15 Grad. Es kam aus irgendwelchen Gebirgsquellen und war unerträglich kalt. Das Essen war etwas besser und preiswerter als in Kairo, die Langeweile unvergleichlich größer: Alle Bücher und Illustrierten, die wir besaßen, waren ausgelesen. So schleppten sich sieben Tage dahin, ehe es hieß: Reise, Reise.

Und es ging noch immer nicht nach Hause. Die Delegation musste erneut nach Ägypten, wo wieder hinter verschlossenen Türen verhandelt wurde. Der Inhalt der Gespräche wurde nie publik, auch Gerhard Weiß erzählte darüber nichts.

Wir stiegen im gleichen Hotel ab und gaben uns ganz dem Müßiggang hin. Nun waren wir in Afrika und sahen nichts. Das war schon ärgerlich. Doch die

Mannschaft und der Steward schoben Dienst und standen auf Abruf. Wie leicht hätten wir einander im uns gänzlich fremden Moloch Kairo verlieren können? Nein, das Risiko war unkalkulierbar.

Am Abend nach einer Woche Aufenthalt erreichte uns schließlich der Anruf: Morgen geht's nach Hause!

Nach dem spartanischen Frühstück brachen wir zum Flugplatz auf und bereiteten alles zum Abflug vor. Ich orderte beim Catering einige Speisen, doch die blieben beim Rückflug unberührt. Die Delegationsmitglieder hatten nur zwei Wünsche: deutsches Bier und deutsches Graubrot. Bring mal eine anständige Stulle, hieß es. Doch diese Bitte konnte ich nicht erfüllen, wohl aber die nach einem Bier.

Mir ging es wie ihnen. Das Erste, was ich unmittelbar nach dem Eintreffen in der Waldsiedlung aß, und zwar mit größtem Genuss, war eine Scheibe Roggenbrot mit Leberwurst. Ich hätte nie geglaubt, wie köstlich eine einfache Stulle schmecken kann, wenn man nur lange darauf hatte verzichten müssen.

Privater Flug ins Glück

Unsere Hochzeitsreise erfolgte mit Flugzeug. Natürlich. Während meiner Nahostreise hatte Marianne ihre Lehre mit Facharbeiterbrief abgeschlossen und einen Arbeitsvertrag als Empfangssekretärin im Gästehaus Johannishof geschlossen. Am 25. August wurden wir getraut. Wir brachen sofort in die Flitterwochen auf – und flogen von Berlin nach Dresden. In den 60er Jahren gab es in der DDR mehrere Inland-

Flugverbindungen, in Dresden, Leipzig, Erfurt, Barth und Heringsdorf existierten Airports, die regelmäßig von Berlin angesteuert wurden. Das war nicht dem Fehlen von Auslandsverbindungen geschuldet, sondern entsprach dem Zeitgeist. Auch in der Bundesrepublik baute jeder größere Ort einen Flugplatz.

Marianne war noch nie in ihrem kurzen Leben geflogen, ich konnte mich diesbezüglich lässig und erfahren geben. Wir verbrachten eine Woche in Dresden, die ihr Vater Hans spendiert hatte, die zweite verbrachten wir bei meinen Eltern in Chemnitz.

Marianne war mit ihrem älteren Bruder Michael und dem Nachkömmling Thomas bei ihrer geschiedenen Mutter in recht bescheidenen Verhältnissen in Berlin-Johannisthal aufgewachsen. Die Eltern hatten sich bereits 1954 getrennt. Der Vater heiratete wieder, hatte zwei Töchter mit der anderen Frau, doch er sorgte auch für seine Kinder aus erster Ehe. Auf seinem Gartengrundstück am Lehnitzsee bei Oranienburg sollten wir 1970 unseren ersten gemeinsamen Urlaub verbringen, inzwischen mit unseren zwei eigenen kleinen Kindern. Mariannes Oma, die ebenfalls in der Dreizimmer-Wohnung in Johannisthal lebte, war körperbehindert und konnte das Haus nur im Rollstuhl verlassen.

Mariannes Mutter hatte Probleme mit dem Herzen und befand sich am Tage unserer Hochzeit im Krankenhaus. Sie sagte nur: Kinder, könnt ihr euch das überhaupt leisten? Nun, ich hatte einiges gespart, auch Marianne. Vermögend waren wir beide nicht, und seit ich in Wandlitz arbeitete, gab es auch kein Trinkgeld mehr. Doch es reichte zum Leben. Mit

Als Steward im Regierungsflieger trug man bei Aus-landsreisen Uniform der INTERFLUG

Gehalt, Wohn-, Bekleidungs- und Verpflegungsgeld kam ich im Monat auf etwa 450 Mark netto, und da ich kaum Gelegenheit hatte, das alles auszugeben, blieb jeden Monat etwas übrig. Das Geld wurde, wie in der DDR bis Ende der 60er Jahre üblich, in bar ausgezahlt, die Lohntüte war keine Metapher, sondern existierte real. Ihr monatlicher Empfang musste mit Unterschrift quittiert werden.

Meinem Wohnungsantrag wurde stattgegeben, im Dezember 1967 bezogen wir in der Friedrichsgracht in Berlin-Mitte eine Einraumwohnung. Die dreizehn Quadratmeter mit Zentralheizung, Kochnische und Dusche waren zwar nicht das Paradies, aber eben unsere eigenen vier Wände. Es gab heißes Wasser aus der Wand, einen Balkon und im Flur einen Einbauschrank. Wenn wir abends die Couch zum Schlafen aufklappten, mussten wir zuvor den Tisch und die beiden Stühle in den Flur oder auf den Balkon stellen. Geschenkt.

Alles roch nach Aufbruch. Die Berliner Innenstadt wurde umgekrempelt, der Alex entstand völlig neu, und aus dem Boden wuchs der Stumpf eines Fernsehturms. Ich hatte mein Auskommen und ein abwechslungsreiches, erfülltes Berufsleben, Marianne auch. Es ging, wenngleich in kleinen Schritten, dennoch merklich voran. Seit Sommer 1968 gab es auch in der DDR die Fünf-Tage-Woche. Bis dahin hatten wir am Samstag noch einen halben Tag arbeiten müssen, das war nun Geschichte. Am 12. Juni jenes Jahres kam Peter zur Welt, am 4. September 1969 sollte Beate folgen. Für vier Personen war in der Friedrichsgracht kein ausreichender Platz, wir zogen noch im Spätsommer nach Weißensee in eine Dreiraum-Wohnung. Diese erschien uns riesig.

Wir hatten jedoch Probleme, zwei Plätze in einer Krippe zu finden, weshalb Marianne genötigt war, ihre Arbeit im Johannishof aufzugeben und später einige Zeit als pflegerische Hilfskraft in einer Kinderkombi zu arbeiten, wodurch wir unsere beiden Sprößlinge dort unterbringen konnten. In jenen Jahren war Marianne oft auf sich allein gestellt, da ich viel unterwegs war und als Vater ausfiel. Inzwischen musste ich nicht mehr mit dem Zubringerbus nach Wandlitz fahren, sondern wurde mit dem Auto von zu Hause abgeholt. Da wir im Erdgeschoss wohnten, hörte

Marianne alles. Sie habe damals, sagte sie mir später einmal, das Klappen von Autotüren zu hassen begonnen.

Familienleben konzentrierte sich in jener Zeit auf die Urlaubswochen. Wir hatten Glück und bekamen in jedem Jahr einen Ferienplatz. 1971 erholten wir uns in einem Bungalowdorf in Lanke bei Berlin, im Frühjahr 1972 waren wir zwei Wochen in einem FDGB-Heim im Osterzgebirge: 65 Mark pro Erwachsener, Kinder zahlten die Hälfte. Wir waren so privilegiert wie die meisten anderen Bürger unseres Landes.

Wir entdecken die Welt.
Und die Welt entdeckt uns

In den 60er Jahren tobte der Kalte Krieg unvermindert, doch es begann sich auf der Weltbühne einiges zu verschieben. Das hing nicht zuletzt damit zusammen, dass die Sowjetunion zumindest in militärstrategischer Hinsicht mit der anderen Supermacht gleichzog. Ein Rollback, von dem der Westen in den 50er Jahren noch geträumt hatte, schien unmöglich. Der Preis wäre die eigene Selbstvernichtung gewesen. Und den wollten selbst die Falken im Weißen Haus und sonst wo nicht bezahlen.

Die sichtbare Zäsur war 1961 mit dem sogenannten Mauerbau gesetzt worden. Die beiden Großmächte und ihre Führer, John F. Kennedy und Nikita S. Chruschtschow, hatten sich darauf geeinigt, dass man sich nicht mehr ins Gehege kommen wollte. Jeder könne in seiner Hemisphäre machen, was er mochte – sofern die Interessen des jeweils anderen davon nicht betroffen würden.

In der Konsequenz führte das dazu, dass alle anderen Staaten zu einem Prinzip der Politik zurückkehrten, welches bereits Bismarck begründete. Und das hieß: Man muss mit Realitäten wirtschaften, nicht mit Fiktionen. Wir beriefen uns auf Lenin und nannten das friedliche Koexistenz der unterschiedlichen politischen Systeme – auch wenn der Klassenkampf weiterging.

Die Realität beispielsweise war die Existenz von zwei Deutschlands. Die Anmaßung des einen Staates, für alle Deutschen zu sprechen und in deren Namen zu handeln, stieß in der Welt immer mehr auf Unverständnis. Dem Bonner Alleinvertretungsanspruch unterwarfen sich zunehmend weniger Staaten, Adenauers Ausgrenzungspolitik gegenüber der DDR erlitt Schiffbruch. Mitte der 60er Jahre musste der Bundeskanzler gehen, Ludwig Erhard, sein Nachfolger, hielt keine zwei Jahre durch, 1966 gab es in Bonn erstmals eine Große Koalition mit einem SPD-Vizekanzler. Nach drei Jahren warf Kurt-Georg Kiesinger das Handtuch und überließ dem Sozialdemokraten Willy Brandt das Amt.

In jenen Jahren geriet vieles in Bewegung. Und ich war es auch.

Die Zahl der auswärtigen Delegationen, die zu politischen Gesprächen oder zu Studienzwecken in die DDR kamen, nahm zu. Damit auch meine Einsätze zu ihrer Betreuung. Und auch die DDR-Spitzen reisten viel in diplomatischer Mission umher, um aus der unverschuldeten Isolation herauszukommen. Ich durfte etliche Politiker dabei begleiten. Der Schwerpunkt lag auf Afrika und dem Nahen Osten. In den 60er Jahren war ich zum Beispiel in Ägypten häufiger als in der Sowjetunion.

Die Regierungsflieger der DDR unterstanden zwar der NVA, doch nach außen gehörten sie zur zivilen INTERFLUG. Das hatte zur Folge, dass ich bei Auslandsflügen auch eine Uniform der staatlichen Luftfahrtgesellschaft trug. Überhaupt wechselte ich in den folgenden Jahren immer häufiger die

Gewandung. Entsprechend dem Beförderungsmittel (Bahn, Schiff, Flugzeug) und dem Ort meines Einsatzes (Jagd, Urlaub, Staatsempfang etc.) trug ich die jeweils erforderliche Uniform.

Im Sommer 1967, nach der dreiwöchigen Reise nach Kairo und Damaskus, wofür später der gewiss zutreffende Begriff »Pendeldiplomatie« gebräuchlich werden sollte, begleitete ich eine SED-Delegation nach Algier. Der Vorzug dieses einwöchigen Aufenthaltes gegenüber früheren Einsätzen bestand darin, dass wir nicht im Hotel eingesperrt waren und auf Abruf warteten. Diesmal stand der Abreisetermin bereits fest. Somit konnten wir auch die freie Zeit sinnvoll verbringen.

Pendeldiplomatie mit der IL 18

Der Chef der Fliegercrew war auch meiner, und der hatte die Order ausgegeben, dass Ausflüge in die Stadt nur gemeinschaftlich zu unternehmen seien. Daran hielt sich natürlich jeder, denn auch wenn alles recht kameradschaftlich zuging, war der Flugkapitän doch Kommandeur und unser oberster Dienstherr. Außerdem waren wir mit den Fährnissen der Fremde nicht vertraut, und der offene Umgang der Menschen untereinander, den wir in der Heimat pflegten, konnte sich anderenorts als nachteilig erweisen.

Trotzdem setzte ich mich über das Verbot hinweg und erkundete neugierig auf eigene Faust Algier.

Unser Hotel befand sich unweit der Kasbah, was im Arabischen die Bezeichnung für Festung und Zitadelle ist, aber hier nannte man die ganze Altstadt so. (Sie sollte übrigens ein Vierteljahrhundert später von der UNESCO zum Weltkulturerbe erklärt werden.) Mit schlechtem Gewissen, das sich aber schon bald in dem engen Gewirr der engen Gassen verlor, bestaunte ich die vielen kleinen Läden und Bistros. Ich roch den Orient und amüsierte mich über feilschende Händler, woran ich mich aber selbst nicht beteiligen konnte: Ich sprach weder Arabisch noch Französisch. Die Eindrücke waren einzigartig und blieben bis heute in meinem Gedächtnis.

Diese Beobachtungen und Empfindungen sollten sich in der Folgezeit auf andere Art wiederholen, als ich mehrere Male offizielle Delegationen nach Ägypten begleitete. Ich reiste mit Innenminister Friedrich Dickel, mit Werner Lamberz und mit anderen Staatsfunktionären zu Fachgesprächen. Und obgleich wir doch auf Einladung ins Land kamen, mussten wir – abweichend von der international üblichen Praxis – für Kost und Logis selbst aufzukommen, wozu auch gehörte, dass jeder, mit dem wir es zu tun bekamen, Staatsbedienstete inklusive, die Hand für Bakschisch aufhielt.

Werner Lamberz unterschied sich von den anderen Delegationsleitern auch dadurch, dass er die gesamte Entourage auf das ausschließlich für ihn vorgesehene Besichtigungsprogramm mitnahm. So sah ich die Pyramiden, Luxor und andere historische Bauwerke, lernte auch Land und Leute besser kennen als im Hotel. Allerdings wurden wir auf diese Weise auch der anderen Reiseprobleme teilhaftig. Nicht selten, dass die uns angebotene einheimische Kost auf den Magen schlug.

Otto Winzer, seit 1965 unser Außenminister und bereits um die siebzig, konnte ein Lied davon singen. Ich begleitete ihn auch auf einer Reise in mehrere afrikanische Länder, wir machten Station in Ägypten, Somalia, Tansania und Sudan. Der Zweck der Mission war auch klar. Einerseits ging es um die materielle und politische Unterstützung der jungen Nationalstaaten, andererseits um die Aufnahme diplomatischer Beziehungen, sprich Anerkennung der DDR. Winzer kämpfte nicht nur aufgrund seines vorgerückten Alters mit gesundheitlichen Problemen. Dem einstigen Mitarbeiter des Exekutivkomitees der Kommunistischen Internationale war im sowjetischen Exil wie so vielen anderen deutschen Kommunisten ziemlich übel mitgespielt worden. Aufgrund seiner körperlich schlechten Verfassung begleitete ihn auf dieser wie auf allen anderen Auslandsreisen nicht nur ein Arzt, sondern auch seine Frau. Sie bestimmte das Programm und den Tagesablauf, sagte, wann er was zu sich nehmen sollte, und wachte wie ein Zerberus über seinen Stoffwechsel, was nicht nur ihn sichtlich nervte. Wenn sie mal schlief, kam er zu mir in die Bordkombüse und ließ sich heimlich einen Weinbrand einschenken.

Die Reise war nicht nur für Otto Winzer höchst strapaziös. Auch die Crew arbeitete unter großer Anspannung. Noch nie waren wir in dieser Region unterwegs, zudem gab es keinerlei DDR-Vertretungen vor Ort, auf die man sich hätte stützen können. Wir waren auf die Hilfe der sowjetischen Botschaften angewiesen. Die Piloten hatten überdies Verständigungsprobleme mit dem dortigen Bodenpersonal. Am Ende waren wir alle froh, diese anstrengende Reise ohne Schaden, wenngleich nur mit mäßigem politischen Ertrag, überstanden zu haben.

Wenig später musste ich erneut nach Khartum. Die DDR-Führung hatte den Staatschef des Sudan zu einem Besuch nach Berlin eingeladen. Dschafar Muhammad an-Numairi hatte, dem Beispiel der Bewegung der freien Offiziere in Ägypten folgend, mit Gesinnungsgenossen das reaktionäre Regime hinweggefegt und Kurs auf eine progressive Entwicklung des Landes genommen. Da der Sudan über keine eigenen Flugzeuge verfügte, holten wir Numairi mit einer Maschine der INTERFLUG ab und brachten ihn auch wieder nach Karthum zurück. Ich bekam den Auftrag, den farbigen Politiker beim Flug zu begleiten und zu betreuen.

Unsere Gastfreundschaft beeindruckte ihn offenkundig derart, dass wir noch drei Tage im Lande bleiben mussten. Er revanchierte sich, indem er die Besatzung und den Steward wie Staatsgäste behandelte. Es gab beispielsweise einen Ausflug mit einem köstlichen Picknick auf einer Insel, die im Zusammenfluss von Weißem und Blauem Nil lag.

Berlin war sichtlich verärgert über diese ungeplante Verlängerung des Karthum-Aufenthaltes, unterließ es aber klugerweise zu intervenieren, um den offensichtlichen Erfolg der politischen Gespräche nicht zu gefährden. Das taten andere. Zwei Tage nach unserer Rückkehr nach Berlin wurde in Karthum geputscht. Numairi kehrte zwar wieder an die Macht zurück, aber das Land wurde immer unberechenbarer und wandte sich politisch mal in die eine, mal in die andere Richtung. In den 80er Jahren wechselte es zum Islam, Numairi führte per Gesetz die Scharia ein, wurde 1985 außer Landes getrieben und lebte bis 1999 im Exil in Ägypten, 2009 verstarb er in Karthum. Seit 2011 ist das Land nach jahrzehntelangem Bürgerkrieg auch politisch gespalten, es gibt seither den islamischen Sudan und die (christliche) Republik Südsudan, welche zu 98 Prozent vom Ölexport lebt.

Das alles war bei der ersten Visite des DDR-Außenministers Ende der 60er Jahre nicht absehbar und lag wie so vieles andere in weiter, weiter Ferne. Doch dass es die Staaten Afrikas, welche sich vom Jahrhunderte währenden Kolonialjoch befreit hatten, nicht leicht haben würden, war schon damals erkennbar.

Illegale Bananeneinfuhr

Ende der 60er Jahre flogen wir erstmals auch nach Conakry. In Guinea herrschte seit 1958, seit der Erlangung der Unabhängigkeit von Frankreich, Ahmed Sékou Touré, der die Nähe zur Sowjetunion und ihren Verbündeten suchte. »Syli«, der »große Elefant«, wie er von seinen Landsleuten genannt wurde, sollte bis 1984, bis zu seinem Tod bei einer Herzoperation in den USA, an der Spitze seines Landes stehen.

Guinea wird immer wieder durch Militärputsche erschüttert, die Nachrichten berichten regelmäßig über blutige Zusammenstöße von Kräften der aktuellen Militärregierung und der Bevölkerung dieses westafrikanischen Landes. Auch 2012 warnte das Auswärtige Amt der Bundesrepublik: »Bei Reisen nach Guinea ist erhöhte Wachsamkeit geboten, insbesondere sollten größere Menschenansammlungen gemieden werden.«

Als ich nach der Landung in Conakry die Tür der IL 18 öffnete, traf mich feuchtheiße Tropenglut, und ich begriff sofort, warum man uns mit dem Satz gewarnt hatte, das Klima dort sei das Grab des weißen Mannes. Aus allen Poren floss unablässig der Schweiß, und besonders kurz vorm Abflug, wo ich mich der insbesondere bei Aufenthalten in afrikanischen Staaten notwendigen Übung hingab, gemeinsam mit den anderen das Flugzeuginnere nach blinden Passagieren abzusuchen, also Schlangen, Spinnen und andere Insekten.

Es war nicht nur der Mangel an Devisen, der uns davon abhielt, Lebensmittel und Obst auf einheimischen Märkten zu kaufen, sondern auch die obwaltenden hygienischen Verhältnisse sowie die Gefahr, gefährliches Ungeziefer nach Europa einzuschleppen. In Conakry setzten wir uns jedoch über diese Regel hinweg und deckten uns auf dem Basar mit Bananenstauden ein. Diese waren in festes schwarzes Packpapier geschlagen und schienen von giftigem Beipack frei zu sein. Das Problem war der Preis. Die

Mit der Crew unter afrikanischen Palmen

Händler verkauften in der Regel ein, zwei Bananen, eine ganze Staude vermutlich noch nie, weshalb sie auch nicht wussten, wie viel sie dafür von uns verlangen sollten. Wir hatten, was selten genug der Fall war, etliche einheimische Banknoten in der Tasche, deren Wert uns nicht sonderlich bewusst war, den Verkäufern aber auch nicht, zumindest nicht in Bezug auf die Bananenstaude.

Daheim machte ich natürlich damit großen Eindruck. Marianne traute sich zunächst kaum ans Papier, als ich sagte, sie solle aufpassen, ob sich nicht eine Giftschlange zwischen den Bananen versteckt halte. Doch dann aßen meine Kinder und die aus der Nachbarschaft mit großem Genuss Bananen aus Guinea, die ihr Vater aus Afrika importiert hatte.

Obgleich ich nie durch eine Zollkontrolle musste, habe ich das nie wieder gemacht. Das Risiko schien mir dann doch unvertretbar hoch.

Per Bahn mit Willi zu Willy

Erst beim Sichten meiner Unterlagen und nun, mit zeitlichem Abstand, wurde mir bewusst, dass ich während meiner Tätigkeit in der Waldsiedlung an den meisten wichtigen historischen Ereignissen im Ostblock teilgenommen hatte – ohne dass es mir damals so bewusst geworden ist. Natürlich erfuhr ich manchmal aus der Zeitung, was Ulbricht, Honecker und die anderen Persönlichkeiten, die ich auf den Reisen betreute, da und dort getan hatten. Oft aber erfuhr ich es nie, weil die Nachrichtenagenturen nichts über die Visite vermeldeten. Später, wenn doch etwas durchsickerte, schrieb man im Westen von »Geheimtreffen«.

Und jene Genossen, die an der jeweiligen Begegnung teilgenommen hatten, erzählten im Flugzeug oder in der Bahn auch nichts. Sie schwiegen beharrlich. Ihre Gesichter waren Verschlusssachen. Keine Reaktion, nichts, woraus man auf Erfolg oder Misserfolg ihrer Gespräche oder Verhandlungen hätte schließen können. So begleitete ich beispielsweise Ulbricht im Salonflieger, einer umgebauten IL 14, in der allenfalls für fünf Personen Platz war, 1968 nach Karlovy Vary, wo er sich mit KPTsch-Chef Dubcek traf, um mit ihm über dessen Reformpolitik zu sprechen, die im Westen den Beinamen »Prager Frühling« bekommen hatte. Und ich flog mit ihm Anfang August ’68 nach Bratislava, wo die Staats-

und Parteichefs der Sowjetunion, Polens, Ungarns, Bulgariens, der Tschechoslowakei und der DDR den letzten Versuch unternahmen, die innenpolitische Krise des Bruderlandes gemeinsam zu lösen. Bekanntlich scheiterten sie damit, am 20. August intervenierten die Verbündeten militärisch. Die DDR beteiligte sich nicht daran, der geschichtsbewusste Walter Ulbricht sorgte dafür, dass kein deutscher Soldat in NVA-Uniform seinen Fuß auf tschechischen Boden setzte.

Ich nahm an allen Parteitagen der Bruderparteien teil, die alle vier bis fünf Jahre stattfanden. Sie waren zeitlich so choreografiert, dass keiner zeitgleich mit einem anderen erfolgte, so dass an jedem die Abordnungen aller anderen Parteien teilnehmen konnten. Tagte die KPdSU, war das Erscheinen des Spitzenpersonals Pflicht.

Vom VI. Parteitag der SED (1963) bis zum X. im Jahr 1981 war ich eingesetzt als Kellner im Tagungsgebäude – bis 1971 die Werner-Seelenbinder-Halle, ab 1976 der Palast der Republik (was wohl einer der Gründe war, ihn nach 1990 zu schleifen) – und bei der Betreuung der höchsten ausländischen Gäste. So lernte ich alle Ersten und Generalsekretäre kennen, die in jenen zwei Jahrzehnten im Amte waren.

Die Parteitage in Moskau, Prag, Warschau, Bukarest, Budapest und Sofia blieben mir auch deshalb in angenehmer Erinnerung, weil die Besatzungen aller Sonderflugzeuge gemeinsam in einem Hotel untergebracht wurden. Für sie gab es ein erlesenes Besichtigungs- und Kulturprogramm, um die Zeit des Wartens zu verkürzen. In Moskau gehörte bei-

*Parteitag in Moskau: Rahmenprogramm für die Flug-
zeugbesatzungen und Begleiter der Delegationen*

spielsweise ein Besuch des Bolschoi-Theaters, des
Sternenstädtchens und einer Vorstellung im Staats-
zirkus zum Pflichtprogramm.

Meine Beziehungen zur Raumfahrt verdankte ich
Valentina Tereschkowa, die 1963 mit Wostok 6 als
erste Frau der Welt die Erde umrundete – gleichzeitig mit Wostok 5, in welchem Valery Bykowski saß
(dieser sollte 1978 mit unserem Sigmund Jähn im
All unterwegs sein und mit ihm anschließend durch
die DDR reisen). Walter Ulbricht hatte die Idee,
den ersten Kosmonauten und die erste Kosmonau-
tin im Oktober 1963 in die DDR einzuladen. Juri
Gagarin und Walja wurden überall als »Himmelsge-
schwister« umjubelt. Hunderttausende feierten sie
begeistert in Berlin, Erfurt, Karl-Marx-Stadt, Suhl
und Wolfen als »lebendige Zeugen des russischen

Wunders« (Ulbricht), denn das hatte der Westen nicht aufzubieten.

Die beiden Kosmonauten waren auf dem sowjetischen Militärflugplatz in Sperenberg gelandet, von dort holte ich sie mit dem Sonderzug ab. Ich bediente die beiden auch auf der Staatsyacht »Albin Köbis«, als sie auf den Berliner Gewässern unterwegs waren. Die beiden Russen hatten eine Aura, wirkten bescheiden und bodenständig, es waren einfache, unkomplizierte Menschen. Darin waren wir uns ähnlich. Es gab zwischen uns keine Kluft, weder mental noch im Alter – die zwei waren nur unwesentlich älter als ich.

Am 19. März 1970 trafen DDR-Ministerpräsident Willi Stoph und Bundeskanzler Willy Brandt erstmals zusammen. Es war das überhaupt erste deutsch-deutsche Gipfeltreffen. Weder Bundeskanzler Adenauer noch seine Nachfolger Erhard und Kiesinger hatten sich in den verflossenen zwanzig Jahren herabgelassen, mit einem Spitzenpolitiker aus der anderen deutschen Republik zu reden. Für sie existierte dieser Staat so wenig wie dessen Führungspersonal. Der erste Sozialdemokrat im Bundeskanzleramt, im krassen Unterschied zu seinen Vorgängern ein ausgewiesener Antifaschist, hatte die Realität zur Kenntnis genommen und versuchte damit umzugehen. Darauf gründete die neue Ostpolitik der von ihm geführten sozialliberalen Koalition. Das damals gebräuchliche Attribut »neu« war insofern ein wenig irreführend, als es zuvor *keine* Ostpolitik gegeben hatte. Zumindest verdiente die Bonner Arroganz und der Alleinvertretungsanspruch diese Bezeichnung nicht.

Die erste Begegnung der beiden Regierungschefs war Ausdruck einer gewissen Entspannung. Ihr symbolischer Wert war höher zu veranschlagen als ihr politischer Gewinn, zumal beide Führungsmächte, besonders die östliche, diese vermeintliche Annäherung mit Skepsis und Argwohn beobachteten.

Das Treffen fand im Hotel »Erfurter Hof« statt, wo der Bundeskanzler abgestiegen war. Willi Stoph wohnte im Gästehaus der SED-Bezirksleitung am Stadtrand. Dorthin war ich mit einem Koch abkommandiert. Für die Betreuung vor Ort sorgte das Personal des Hotels.

Bekanntlich durchbrachen die Erfurter die Absperrungen und skandierten auf dem Bahnhofsvorplatz: »Willy, Willy« und »Willy Brandt ans Fenster«. Später ging das Gerücht, dass dies Teil einer Inszenierung gewesen wäre, hinter der angeblich Honecker steckte. Man habe damit zeigen wollen, dass Ulbricht die Lage nicht mehr beherrschte und reif für seine Ablösung sei. Ob dies zutraf oder nicht, vermag ich nicht zu beurteilen. Tatsache ist, dass nach dem zweiten Treffen von Stoph und Brandt in Kassel am 21. Mai Honecker und Breshnew miteinander sprachen. »Du kannst mir glauben, Erich, die Lage, wie sie sich bei euch so unerwartet entwickelt hat, hat mich tief beunruhigt«, erklärte der KPdSU-Generalsekretär. »Ich sage dir ganz offen, es wird ihm (*Ulbricht – L. H.*) auch nicht möglich sein, an uns vorbei zu regieren, unüberlegte Schritte gegen dich und andere Genossen des Politbüros zu unternehmen. Wir haben doch Truppen bei euch. Erich, ich sage dir offen, vergiss das nie: Die DDR kann ohne uns, ohne die Sowjetunion, ihre Macht und Stärke, nicht existieren. Ohne uns gibt es keine DDR.«

Die Gespräche im »Erfurter Hof« dauerten sehr lange, wir warteten geraume Zeit auf Stoph. Der fuhr jedoch unmittelbar nach seinem Treffen mit Brandt nach Oberhof, wo sich Ulbricht aufhielt. Erst gegen Morgen kehrte er von dort ins Gästehaus zurück. Stoph wollte weder etwas essen noch trinken und zog sich gleich in sein Zimmer zurück. Er wirkte so mürrisch und sauertöpfisch wie immer. Stunden später erschien er zum Frühstück, danach erhob er sich wortlos und fuhr mit dem Wagen nach Berlin zurück.

Die Dienstfahrt nach Kassel zwei Monate später war die Jungfernfahrt jenes neuen Regierungszuges, der nach dem Muster von Tito gebaut worden war.

Der neue Regierungszug auf Jungfernfahrt in Kassel, 1970. Am Fenster Willi Stoph, neben ihm Außenminister Otto Winzer. Willy Brandt sagt Tschüss

Er sorgte mit dem Staatswappen an den Waggons für ein gewisses Aufsehen, und antikommunistische Krawallmacher machten Stimmung. So rissen sie demonstrativ und vor den Kameras der Presse eine DDR-Fahne herunter und zerfetzten diese. Auf solche Weise bekamen wir einen tief sitzenden Hass vor Augen geführt, den wir kaum für möglich gehalten hätten: Wir befanden uns sichtlich auf feindlichem Territorium, auf dem Boden des Klassengegners.

Ich glaube aber nicht, dass man uns ausschließlich aus Sorge um unsere Sicherheit nicht den Zug verlassen ließ, wobei nicht klar war, ob das Verbot von bundesdeutscher Seite oder von unserer Sicherheit ausgesprochen worden war.

Tatsache ist ferner: Uns wurde ebenfalls untersagt, irgendwelche dienstlichen oder privaten Themen zu erörtern. Dieser Angst vor Richtmikrofonen begegnete man auch mit Musik, die uns zunehmend auf die Nerven ging. Die dafür zuständigen Genossen hatten offensichtlich nur ein Tonband mit Schnulzen aus den 50er und frühen 60er Jahren dabei, das wieder und wieder aufgelegt wurde. Der Schmalz tropfte unablässig aus den Zuglautsprechern und uns aufs Gemüt.

In der von Stoph geführten Delegation saß auch der rundliche Dr. Michael Kohl, Staatssekretär für innerdeutsche Fragen, den ich in den nachfolgenden Monaten und Jahren wiederholt im Flugzeug nach Bonn begleiten sollte. Er vertrat die DDR in den Verhandlungen zum Transitabkommen, zum Verkehrs- und schließlich zum Grundlagenvertrag. 1974 übernahm er bei deren Öffnung die Leitung

Im Regierungszug trank man Radeberger

der Ständigen Vertretung der DDR in der Bundeshauptstadt, nach vier Jahren folgte ihm dort Botschafter Ewald Moldt.

Kassel endete wie schon Erfurt zuvor ohne Ergebnis. Die salomonische Formel, von Stoph eingebracht, lautete »Denkpause«. Moskau verhandelte seit fünf Monaten mit Bonn direkt, da störten die

Alleingänge der DDR-Führung, die offenkundig zurückgepfiffen wurde. »Der Gegner wird versuchen, einen Keil zwischen uns zu treiben. Dies darf ihm nicht gelingen«, sollte Breshnew am 28. Juli 1970 Honecker erklären.

Der neue Regierungszug kam nun wiederholt zum Einsatz. Ulbrichts Ärzte hatten empfohlen, dass der 77-Jährige nicht mehr fliegen sollte. So reiste er zum Staatsbesuch nach Prag mit der Bahn, von dort ging es weiter nach Warschau und retour nach Berlin. Die einwöchige Reise nannten wir »Friedensfahrt«, denn bekanntlich fand jedes Jahr im Mai der Welt größtes Amateurrennen Berlin-Prag-Warschau statt, das eben jenen Namen trug.

Lernen, lernen, nochmals lernen

Gemäß diesem Lenin zugeschriebenen Appell musste auch ich zeitlebens zumindest in der DDR die Schulbank drücken. Ich war ausgebildeter Kellner, was aber nicht ausreichte. Schon nach wenigen Jahren in Wandlitz meinten meine Vorgesetzten, ich müsse mich zum Serviermeister qualifizieren. Warum nicht? Allerdings setzte der Besuch eines entsprechenden Lehrgangs den Abschluss der 10. Klasse voraus, die ich aber nicht absolviert hatte.

Also musste ich zunächst im »Abendstudium«, nach der Schicht und zwischen den Dienstreisen, die zwei Schuljahre in einem Jahr nachholen. Dem schloss sich sogleich der Meisterlehrgang an. Im Mai 1971 war ich dann endlich Serviermeister.

Im Internet stellte jemand jüngst die Frage, was ein »Serviermeister« sei. Er habe in einem alten DEFA-Film diese Berufsbezeichnung gehört. Ob ihm jemand sagen könne, was das sei. Darauf antwortete ihm eine Arbeitsagentur am 28. September 2005: »Dieser Beruf der ehemaligen DDR basierte auf einer berufsbegleitenden Weiterbildung, die man nach einer einschlägigen Facharbeiterausbildung absolvieren konnte. Serviermeister/innen übernahmen anspruchsvolle Aufgaben bei der Bewirtung von Gästen in Restaurants, Gasthäusern oder Hotels. Sie waren für eine größere Anzahl von Tischen verantwortlich, erstellten Dienstpläne sowie Kalkulationen für den Servicebetrieb und leiteten Mitarbeiter/innen an. Darüber hinaus empfingen sie die Gäste, boten ihnen einen Tisch an oder empfahlen die Spezialitäten der Tageskarte. Auch das Zubereiten am Tisch, beispielsweise einer flambierten Speise, konnte zu ihren Aufgaben gehören. Meist wirkten sie auch bei der berufspraktischen Ausbildung des Facharbeiternachwuchses mit.« Und dann hieß es noch: »Vergleichbare Berufe der Bundesrepublik Deutschland: Oberkellner/in, Restaurantmeister/in.«

Selten habe ich derart sachlich und präzise eine Profession in der DDR in einer westdeutschen Quelle dargestellt gesehen. Denn genau das war nun meine Tätigkeit. Hinzu kamen, was mit meiner Anbindung zusammenhing, natürlich auch Betreuungs- und Sicherungsaufgaben, die jedoch nichts mit diesem Berufsprofil ursächlich zu tun hatten. Folglich bestand zwischen beiden kein kausaler, allenfalls ein zeitlicher Zusammenhang.

Gleichwohl: Wenige Wochen nach dem Meisterlehrgang hieß es, dass ich mich fortan ausschließlich um Erich Honecker kümmern solle. Ich war noch keine 30, er noch keine 60 und der »Kronprinz«. Jeder wusste, dass EH Nachfolger von Walter Ulbricht werden würde. Außer den Gerüchten mehrten sich auch die Indizien. So hatte bereits im Dezember 1970, auf dem 14. Plenum, dessen Hauptgegenstand der Volkswirtschaftsplan des folgenden Jahres war, Honecker die Kollektivität der Parteiführung herausgestellt, was die Kaffeesatzleser als indirekte Kritik an Ulbricht und dessen selbstbewussten Alleingängen interpretierten. Da das Schlusswort des Ersten Sekretärs auf der ZK-Tagung entgegen aller bisher geübten Praxis anderentags nicht im Zentralorgan zu lesen war, erhärtete sich die Vermutung, dass ein Wechsel an der Parteispitze unmittelbar bevorstünde. Dieser erfolgte schließlich Anfang Mai 1971.

Ulbricht war mehr oder minder genötigt worden, »aus gesundheitlichen Gründen« seine Parteifunktion abzugeben. Die Wahl seines Nachfolgers hatte auf dem Parteitag zu erfolgen. Das geschah Mitte Juni. Formal blieb Ulbricht Vorsitzender des Staatsrates, doch in dieser Funktion amtierte Friedrich Ebert, der Sohn des einstigen Reichspräsidenten. Letztmalig hatte ich eine von Ulbricht geführte Parteidelegation zum XXIV. Parteitag der KPdSU im März 1971 nach Moskau begleitet. Dort hatte Ulricht in seinem Grußwort noch daran erinnert, dass er zu den wenigen im Saal gehöre, die Lenin persönlich gekannt hätten, was von einigen leicht indigniert aufgenommen worden war. Breshnew soll, so hieß es später, ihm anschließend – und das nicht zum ersten Mal – den Rücktritt nahegelegt haben. Vier Wochen später folgte WU diesem »Ratschlag« und räumte seinen Platz für EH.

Ende einer Freundschaft: Breshnew und Ulbricht bei einer Jagd in der DDR

Honecker hatte zuvor bereits etliche Delegationen, die an Parteitagen der Bruderparteien, welche traditionell unmittelbar nach dem KPdSU-Parteitag stattfanden, geleitet. Bei diesen Reisen nahm ich Betreuungsaufgaben wahr. Ich hatte auch schon wiederholt an Wochenenden im Freizeitobjekt Wildfang in der Schorfheide für ihn gekellnert. Zum Anwesen unweit von Klosterfelde gehörte auch ein Badesee mit Bootshaus. Er nutzte das Objekt mit Frau und Tochter Sonja, später kamen noch Schwiegersohn und Enkel dazu. Von dort aus brach Honecker während der Jagdsaison auch zur Pirsch auf, wobei ihn meist Günter Mittag und Erich Mielke begleiteten.

Gelegentlich nahm an den Jagdausflügen auch Pjotr Abrassimow teil, der von 1975 bis 1983 Botschafter in der DDR war. Bereits zum zweiten Mal,

Jagdausflug in der Schorfheide mit Kesselgulasch überm offenen Feuer, Herzog links außen

denn der Russe mit den blau getönten Haaren vertrat sein Land schon einmal von 1962 bis 1971 in Berlin. Das anmaßende und selbstherrliche Auftreten des eitlen Diplomaten, der unter der Hand nur »Regierender Botschafter« hieß, veranlasste später Honecker, auf seine Abberufung zu drängen. Unter Breshnews Nachfolger Andropow war seine Intervention erfolgreich. Auf Abrassimow folgte Kotschemassow, den Honecker bereits aus der Jugendbewegung kannte. Aber auch aus charakterlichen Gründen verstanden sich beide recht gut. Kotschemassow begleitete Honecker nie auf der Jagd.

Die Jagdausflüge mit Mittag, Mielke und anderen Politbüromitgliedern, von denen die meisten ein eigenes Revier hatten – Mielke in Wolletz, Stoph in Birkenheide usw. –, gerieten bald zu einem Wettbewerb zwischen den Schützen, was, worauf ich noch eingehen werde, anfänglich auch bei der jährlichen Diplomatenjagd deutlich wurde. Das eigentliche Anliegen des Waidmanns, nämlich die Hege und Pflege des Tierbestandes in seinem Jagdrevier, wozu – in Ermangelung natürlicher Feinde – auch die Begrenzung des Wildschwein- und Rotwildbestandes gehören, trat damit sukzessive in den Hintergrund. Man schmückte sich mit Abschusszahlen und Trophäen.

Speisen und Getränke für diese Jagdausflüge kaufte Honecker anfänglich im Ladenkombinat in Wandlitz, er bezahlte auch selbst in bar. Seine Personenschützer bereiteten dann den Tisch für den Jagdimbiss draußen im Wald vor. Später kaufte sein erster Personenschützer Adelhart Winkler dort ein und bestellte das Leib- und Magengericht in der

Restaurantküche: Kassler im Strang geschmort. Damit fuhr der Kellner, also ich, nach Wildfang, richtete den Tisch her und kehrte wieder nach Wandlitz zurück. Den Rest besorgte Honecker selbst oder einer seiner Personenschützer.

Margot Honecker, als Volksbildungsministerin eine viel beschäftigte Frau, griff nur gelegentlich auf unsere Dienste zurück, meist nur an Wochenenden, wenn sie in Wandlitz die Familie zu Gast hatte. Sie orderte dann bei uns meist sehr kurzfristig etwas zum Mittagessen, nichts Aufwendiges, das die Küche etwa vor Probleme gestellt hätte, sondern einfache, rasch zubereitete Gerichte. Man spürte, dass sie auch an das Küchenpersonal dachte. Die Speisen inklusive Geschirr fuhr ich dann in die Nr. 11, stellte es in die Küche und holte später alles wieder so unauffällig wie möglich ab.

Problematisch wurde es einzig, wenn uns der Anruf aus Wildfang erreichte. Das Jagdhaus lag etwa 25 Kilometer von der Waldsiedlung entfernt, und wenn auch andere Politbüromitglieder aus ihren Jagdrevieren, die offiziell »Freizeitobjekte« hießen, aus den Häusern in Wandlitz anriefen, wurde es eng bei den Transportmitteln. Deshalb wurde der Fuhrpark unablässig erweitert. Stoph, nach Ulbrichts Tod 1973 für kurze Zeit Staatsratsvorsitzender, ehe Honecker 1976 auch diese Funktion übernahm, hatte darum an den Wochenenden stets einen Koch und einen Kellner bei sich – neben den rund zwanzig Angestellten, die in Birkenheide (»Specker Horst«) am Ostufer der Müritz in seinen Gewächshäusern tätig waren. Auch die anderen Politbüromitglieder gaben sich zunehmend der Bequemlichkeit hin und wünschten an den Wochenenden aus Wandlitz das Essen in ihre Freizeitobjekte gebracht zu bekommen. Stand es nicht rechtzeitig auf den Tischen, setzte es Beschwerden auf dem »großen Dienstweg«. Sie waren absolut unfähig und unwillig zu begreifen, dass es eines beachtlichen logistischen Aufwandes bedurfte, etwa acht bis zehn Familien gleichzeitig zu bedienen, die im Umkreis von mehreren Dutzend Kilometern auf ihren Datschen saßen.

Und was lernte ich dabei?

Auf Durchgang zu schalten. Wozu hatte man zwei Ohren? Boten sie nicht die Möglichkeit des Durchzugs?

In Wandlitz war der Kunde wirklich König

Vier Wochen im Juli 1971, unmittelbar nach seiner Wahl auf dem VIII. Parteitag, war ich täglich mit beiden Honeckers zusammen und rund um die Uhr präsent. Meine Vorgesetzten hatten mir im Gespräch zuvor unmissverständlich gesagt, wenn es Beschwerden gäbe und der Erste Sekretär mit mir nicht klarkäme, wäre meine Kellnerkarriere in Wandlitz definitiv zu Ende. Das war also die Worst-case-Variante. Denn bei Unverträglichkeit dürfte ich ihm auch nicht mehr zufällig unter die Augen treten.

Die Ansage irritierte mich nicht. Ich war schließlich Befehlsempfänger und nicht auf dem »freien Markt«. In Wandlitz war der Kunde wirklich König.

Vilm erwies sich, bei aller Abgeschiedenheit und Exklusivität, vom Wesen her als kleineres FDGB-Ferienheim. Das Mittagessen nahmen alle Urlauber auf der Insel gemeinsam in einer zentralen Gaststätte ein. Den Kaffee am Nachmittag trank man im eigenen Haus oder bei Sonnenschein am Strand, wofür extra zwei Zelte errichtet worden waren, die mit Campingmöbeln ausgestattet wurden. Kuchen und Kaffee brachte ich mit einem leisen Elektrofahrzeug, um die Ruhe nicht zu stören. Nun war dies ein wenig vertrackt. Ich sollte nicht gesehen und gehört werden, als dienstbarer Geist unbemerkt bleiben, eine Art sozialistisches Mainzelmännchen also. Auf der anderen Seite wollte Honecker, der gern nackt badete, dabei nicht gesehen werden. Woher diese staatsmännische Scham rührte, weiß ich nicht: Am gesamten Ostseestrand der DDR lagen die Nackten ungeniert an den FKK-Stränden und kannten solche pubertären Reaktionen nicht. Aber egal, ich sollte nicht stören und ihn nicht sehen, auch wenn ich nichts sah. Am Abend, als man bereits im Kollektiv im Klubhaus speiste, räumte ich das Geschirr in den Zelten ab.

Danach ging EH in den Kinosaal des Klubhauses, wo ihm mit einer transportablen Filmvorführanlage Streifen gezeigt wurden, die er bestellt hatte.

Da im Juli Schonzeit war und nicht gejagt werden durfte, fiel dies als Urlaubsprogramm aus. Er ließ sich zur Zerstreuung von der Volksmarine einladen, die für ihn ein Manöver vor Sassnitz arrangierte. Auf diese Weise kam auch ich erstmals an Bord eines modernen Küstenschutzschiffes. Dort

Die Volksmarine sorgte für Zerstreuung in Sassnitz. Auch Verteidigungsminister Heinz Hoffmann (r.) erschien im Freizeitdress

durfte ich in der Offiziersmesse servieren, was seemännisch Backen und Banken hieß. Ein andermal ging es nach Rostock, wo die traditionelle Ostseewoche seit 1958 stattfand. Dieses Zusammenkunft von Vertretern der Ostseeanrainerstaaten diente der Völkerverständigung und war als Option gedacht, die Hallsteindoktrin des Ostseeanrainers BRD zu unterlaufen. Die mit kulturellen und politischen Veranstaltungen angefüllte Woche stand alljährlich unter dem verbindenden wie appellarischen Motto: Die Ostsee muss ein Meer des Friedens werden! Mitte der 70er Jahre sollte Honecker dieses vielgestaltige Festival mit der Begründung abschaffen, es habe seine Mission erfüllt, die DDR sei international anerkannt, und mit der Konferenz für Sicherheit und Zusammenarbeit in Europa (KSZE) sei ein neues Instrument entstanden. Nicht wenige waren jedoch der Auffassung, dass die Ostseewoche allein deshalb starb, weil sie eine Erfindung Ulbrichts war, der ihr in jedem Jahr seine Aufwartung machte und große Bedeutung beimaß.

Nach vier Wochen war meine Mission auf Vilm beendet und ich durfte nach Hause zurückkehren.

Offenkundig gab es keine Klagen, weshalb der Minister keinen Grund sah, mich abzuziehen und seine Bemühungen, die von Honecker abgeschaffte Gruppe Ulbricht in neuem Gewand zu etablieren, verstärkte. Es dauerte nicht lange, da gab es innerhalb des Personenschutzes (PS) erneut eine spezifische Abteilung. Sie bestand aus Begleiter, Kraftfahrer, Hausangestellten und Kellner. Ich fühlte mich in dieser Rolle zunächst sehr unglücklich, was ausschließlich der Tatsache zuzuschreiben war, dass ich aus der Wandlitz-Truppe herausgenommen wurde, in der ich mich sehr wohl gefühlt hatte. Nunmehr wurde ich von früheren Kollegen geschnitten, mancher tat, als hätte ich mich um diesen vermeintlich privilegierten Job gerissen und würde nun mit meinesgleichen nichts mehr zu tun haben wollen.

Die anfängliche Unzufriedenheit gründete auch auf Untätigkeit, zu der ich nunmehr verurteilt worden war. Ich saß auf Abruf in Wandlitz und wartete, dass ich zu Honecker gerufen wurde. Oft waren diese Termine sehr kurzfristig, weshalb ständig ein Dienstfahrzeug mit Fahrer in der Waldsiedlung auf den Befehl wartete, mich nach Berlin zu fahren. Später erachteten es meine Chefs als sinnvoll, mir eine

Art Stützpunkt im ZK-Gebäude einzurichten. Dort hielt ich mich mit einigen Personenschützern bis auf Abruf auf. Irgendwann merkte man, dass auch diese Entscheidung nicht sinnvoll war, weil es im Hause eigene Einrichtungen und Personal gab. Da brauchte man mich nicht.

Das einzig Nützliche in jener Zeit war die Bekanntschaft mit Elli Kelm, die seit seiner Tätigkeit an der Spitze des Jugendverbandes als Honeckers persönliche Sekretärin arbeitete. Wobei dies eine schlichte Untertreibung war: Elli war Bürochefin und hatte die Hosen an, d. h. in der Hierarchie stand sie noch über Gisela Glende, der zweiten langjährigen Vertrauten im Vorzimmer des Chefs. Von beiden erfuhr ich viel über die Gepflogenheiten in diesen Räumen, hörte von Honeckers Gewohn-

Elli Kelm, Honeckers Bürochefin, begrüßt Helmut Bäuml, Ulbrichts Koch, daneben Lothar Herzog. Rechts außen Adelhart Winkler, Honeckers Begleiter, am Strand von Varadero auf Kuba in den 70er Jahren

heiten und Vorlieben. Natürlich sangen beide ihr Loblied auf den Chef in höchsten Tönen, wobei sie immer den positiven Unterschied zu Walter Ulbricht herausstellten. Es ging von Personenkult die Rede, den man nun endlich und gottlob überwunden habe. Ich meinte, das war die feste Überzeugung der beiden, zumal ja auch ich im Umfeld von Honeckers Vorgänger solche Züge hatte beobachten können. Doch nach meinem Eindruck ging die überzogene Verehrung mehr von den Hofschranzen als von Ulbricht selbst aus. Und die, welche ihm seinerzeit zum Munde geredet hatten, taten nun so, als habe man sie dazu gezwungen.

Dass sich Honecker zumindest in jener Zeit gegen solche Reflexe wehrte und sich tatsächlich als Erster unter Gleichen sah, wurde offenbar, als er davon Wind bekam, dass Mielke eine Gruppe um ihn und seine Familie gebaut hatte. Natürlich nur zu seinem Schutze, hieß es. Dennoch forderte er den Minister auf, diese Struktur aufzulösen. Außer der Tatsache, dass ich wieder nach Wandlitz und in meine dortige Truppe zurückkehrte, blieb das Donnerwetter ohne Konsequenzen. Wenn es bei EH einen Termin gab, musste ich wieder nach Berlin oder ihn auf Reisen begleiten.

Doch im Laufe der Jahre verlor sich die Bescheidenheit und das Gift der Gewöhnung begann zu wirken. Ich bekam erst noch einen, dann einen zweiten Kellner an die Seite gestellt. Auch waren keine Köche für die Ferienobjekte vorgesehen, weil alles in Wandlitz zubereitet und von dort angeliefert wurde. Doch auch das änderte sich bald. Bei Demonstrationen und Kundgebungen richteten wir mobile Versorgungseinrichtungen ein. Am zweiten Sonntag im Januar wurde an die Ermordung von Karl Liebknecht und Rosa Luxemburg erinnert, weshalb ich in der Gedenkstätte der Sozialisten entsprechende Vorbereitungen zu treffen hatte. Das galt auch für den 1. Mai und den 7. Oktober, dem Tag der Republik, an welchem mitunter Militärparaden auf der Karl-Marx-Allee stattfanden. Bei der Erfüllung der besonderen Wünsche und Bedürfnisse der Repräsentanten gab es keinerlei Beschränkungen in materieller und finanzieller Hinsicht. Alles wurde beschafft, mochte es noch so schwierig sein.

Bisweilen wurde ich in jenen frühen 70er Jahren auch ausgeliehen. Als die Gespräche zwischen Berlin und Bonn anliefen, flog unser Unterhändler Michael Kohl mit einem Sonderflugzeug alle zwei Wochen zu Gesprächen an den Rhein, meist traf er sich dort mit Brandts Beauftragtem Egon Bahr. Unsere INTERFLUG-Maschine blieb unterdessen auf dem Flugplatz Köln-Bonn stehen. Ich und die anderen Besatzungsmitglieder durften das Flugzeug nicht verlassen. So lungerten wir mitunter ganze Tage im Flieger herum und langweilten uns zu Tode, während andere Politik machten.

Am Ende kam der Grundlagenvertrag heraus.

Nach meinem Gastspiel in Bonn kehrte ich wieder zu meinem Chef zurück.

Während der Weltfestspiele der Jugend und Studenten im Sommer 1973 verstarb nicht nur Walter Ulbricht, sondern begannen auch die Tiefbauarbeiten für den Palast der Republik. Der konkrete Beschluss war erst im Frühjahr gefasst worden. Am 2. November 1973 erfolgte die Grundsteinlegung, woran ich nicht teilnehmen konnte, da man mich zu einem Russisch-Lehrgang geschickt hatte. Zum Richtfest am 18. November 1974 jedoch war ich wieder da. Die Feier mit den Bauarbeitern erfolgte in der Großgaststätte Ahornblatt auf der Fischerinsel. Es gab Eisbein, Bier und Schnaps flossen reichlich. Honeckers Sache war das aber nicht. Als es zunehmend lauter wurde und der Alkohol im Saal seine Wirkung entfaltete, verabschiedete er sich. Das »Ahornblatt«, nach dreijähriger Bauzeit zusammen mit den Punkthochhäusern auf der Fischerinsel im Vorjahr fertiggestellt, diente als Kantine für die auf der Baustelle des Palastes Beschäftigten, danach zog eine Selbstbedienungsgaststätte für rund neunhundert Personen dort ein. Das Haus an der Kreuzung wurde schon bald unter Denkmalschutz gestellt, weil es nicht nur architektonisch auffällig war, sondern weil die Schalenkonstruktion aus hyperbolischen Paraboloiden auch in bautechnischer Hinsicht auffällig war und zurecht als herausragendes Beispiel für die DDR-Moderne galt. Trotz des Denkmalschutzes und der Proteste sollte das Gebäude 2000 abgerissen und an seine Stelle ein architektonisch einfallsloser, langweiliger Mehrzweckbau gesetzt werden.

Ende Januar 1976 war der Innenausbau des Palastes so gut wie abgeschlossen. Eine Politbürodelegation nahm alles ab: den Großen Saal mit seinen technischen Finessen, die unzähligen Restaurants, Cafés, die Bowlingbahn im Keller, die Post, die Galerie in der ersten Etage ... Das gastronomische

Fingerfood für Volkskammerabgeordnete im Palast der Republik

Personal war vor Ort und trug auch schon die PdR-Gewandung. Besonderes Augenmerk wurde natürlich auf den Volkskammerbereich gelegt. Auch ich hatte die neue Palastdienstkleidung angelegt, die Honeckers Zustimmung fand. Im April fanden an vier Samstagen sogenannte Erprobungsveranstaltungen mit jeweils rund viertausend Menschen statt, am 23. April gab es das »Fest der Erbauer« mit den Bauleuten, Monteuren, Ingenieuren und Architekten und deren Ehefrauen. Allein dadurch machte man sichtbar, dass es sich wirklich um ein Haus des Volkes handelte. Dieses Versprechen wurde eingelöst und bis zum Ende der DDR und dem Abriss des Gebäudes auch gehalten.

Mancher, der Gast dieser Erprobungsveranstaltungen war, nahm das mit dem Volkseigentum sehr wörtlich. Und trug ein Souvenir stolz nach Hause. Fazit: Nach diesen vier Wochenenden war eine nahezu komplette Neuausstattung mit Geschirr, Gläsern und Bestecken, die das Signum »PdR« trugen, notwendig.

Am 25. April war dann das Haus für alle geöffnet.

Im Mai tagte im Großen Saal der IX. Parteitag der SED. Alles war perfekt vorbereitet und bis ins kleinste Detail organisiert: Technik, Gastronomie, Sicherheit. Dafür gab es, wie zu erwarten, eine spezielle Sicherheitsabteilung im Hause. Für Delegierte und Gäste bestanden verschiedene Versorgungssysteme. Erich Honecker verfügte über eigene Räumlichkeiten für Beratungen und als Rückzugsmöglichkeit, um sich zu erholen. Während des Parteitages war ich permanent für ihn vor Ort. Ich servierte ihm den Kaffee in den Pausen, brachte ihm das Mittagessen – meist aß er allein in seinem Büro –, stellte ihm das Mineralwasser aufs Rednerpult und bereitete die kleineren und größeren Begegnungen und Treffen mit vor. Nach Tagungsende gab es meist Empfänge, oder er führte Gespräche mit hochrangigen Gästen oder Tagungsteilnehmern.

Honecker registrierte zwar täglich meine Anwesenheit, aber er nahm mich nicht als Person wahr. Er wusste, das alles in seinem Sinne automatisch erledigt werde, wenn ich zugegen war. Wünsche hatte er nie. Wenn alles wie ein Uhrwerk lief, war es gut. Nun kann ich mir denken, dass mancher dieses Schweigen als Ignoranz deutet, gar als Ausdruck von Arroganz gegenüber den Angestellten. Als wäre es

*Der Große Saal im Palast der Republik, Eröffnung
mit dem IX. Parteitag der SED, Mai 1976*

unter Honeckers Würde gewesen, das Wort an einen
Domestiken zu richten. Nein, das war es nicht. Sein
Verhältnis zu mir und meinesgleichen schien mir
eine merkwürdige Mischung aus verschiedenen
Empfindungen zu sein. Auf der einen Seite lehnte er
es als Kommunist aus Überzeugung ab, sich ständig
bedienen zu lassen. Er war kein Herr, kein Graf
Koks, kein Bourgeois. Auf der anderen Seite war er
auf derlei Dienstleitungen objektiv angewiesen, er
war aus verschiedenen Gründen gezwungen, sie in
Anspruch zu nehmen. Aus diesem Zwiespalt befreite

Ein Teil des gastronomischen Personals im Foyer des Palastes, wegen der Kugelleuchten liebevoll-respektlos »Erichs Lampenladen« genannt

er sich, indem er gar nichts sagte. Ich war nicht da, und weil ich da war, war alles in Ordnung.

Wenn das Parlament, die Volkskammer, tagte, gab es ebenfalls eine spezielle gastronomische Versorgungseinrichtung. Honecker nahm zwar an den meisten Sitzungen teil, doch er hat dort nie das Wort ergriffen. Eine Wahlperiode oder Legislatur dauerte vier bis fünf Jahre, die erste Volkskammer war noch ein halbes Hundert Mal zusammengetreten, die achte (von 1981 bis 1986) nur noch zwölf Mal, was als ein gewisses Indiz für die sinkende Bedeutung des Parlaments in der DDR gelten kann. Honecker war am 29. Oktober 1976, zu Beginn der 7. Legislaturperiode, zum Staatsratsvorsitzenden gewählt und vom Volkskammerpräsidenten Horst Sindermann vereidigt worden. Der Spruch der Eidesformel war sein einziger Wortbeitrag vor dem Hohen Hause, wie es heißt.

Durch meine gelegentlichen Einsätze in verschiedenen Bereichen des Palastes hatte ich viele Kontakte mit Kollegen. Das sollte mir den Start als Oberkellner im Spreerestaurant am 1. Januar 1990 erleichtern. Daran aber war 1976 so wenig zu denken wie an den Abriss des ganzen Hauses, der 2006 begann.

Diplomatenjagd und andere Abschüsse

Der politische Kalender Erich Honeckers war von stets wiederkehrenden Jahrestagen und damit verbundenen Verpflichtungen diktiert. Zu jenen gehörten die Besuche in der sowjetischen Botschaft unter den Linden. Zweimal im Jahr lud man dort zu einem großen Empfang: am 23. Februar anlässlich der Gründung der Roten Armee und am 7. November zum Jahrestag der Großen Sozialistischen Oktoberrevolution.

Gelegentlich wurde ich als Kellner dorthin ausgeliehen. Wenn Abrassimow bei bestimmten Empfängen Bedienungspersonal brauchte, forderte er es in Wandlitz an. Das geschah auf dem kurzen Dienstweg. Der »Regierende Botschafter« bewegte sich frei in der Waldsiedlung und kaufte auch im Ladenkombinat ein. Dazu musste er nicht einmal weit fahren, denn er bewohnte im Dorf Wandlitz eine Villa, die ihm die DDR finanzierte. Auch das Hauspersonal wurde von der DDR gestellt. Und wünschte Pjotr Abrassimow Mittag zu speisen, lieferten wir nach Bestellung ebenfalls.

In der sowjetischen Botschaft erlebte ich Erich Honecker meist aufgekratzt. Anders als bei anderen Anlässen trank er schon mal mit sowjetischen Generälen einen Wodka, was merklich zur Stimmungsverbesserung beitrug. Er ging dann, wie man so sagt, aus sich heraus. So erlebte ich ihn normalerweise nie, auch nicht daheim. Meist war er sehr konzentriert und angespannt.

Seine Selbstkontrolle schien mir am stärksten, als wir im Sommer 1975 für vier Tage nach Helsinki flogen. 33 europäische Staats- und Regierungschefs sowie der US-Präsident und Kanadas Premier reisten in die finnische Hauptstadt, um das in mehreren Jahren ausgehandelte Schlussdokument der Konferenz für Sicherheit und Zusammenarbeit in Europa zu unterzeichnen. Honecker, den ich wie gewohnt als Steward und Kellner begleitete, war angespannt wie noch nie. Was auch nicht überraschte: Es war sein erster Auftritt auf der politischen Weltbühne. Dabei hatte er noch nicht einmal ein Staatsamt. Er war weder Regierungschef noch Staatsoberhaupt, sondern lediglich Erster Sekretär des ZK der SED. Dessen muss er sich wohl bewusst geworden sein, denn nach Jahresfrist ließ er sich im Nachgang zum Vorsitzenden des Staatsrates wählen. Eigentlich hätte Willi Stoph, der dieses Amt seit Ulbrichts Tod 1973 führte, nach Helsinki reisen müssen. Doch nach Erfurt und Kassel 1970 wollte es Honecker diesmal selber wissen.

Bei der Unterzeichnung in der Finlandia-Halle saßen die gekrönten Häupter in alphabetischer Reihenfolge ihrer Staaten, was dazu führte, dass der Repräsentant der »Rep. Dem. d'Allemagne« zwischen dem Bundeskanzler der »Rep. Fed. d'Allemagne« und dem Präsidenten der Vereinigten Staaten Gerald Ford zu sitzen kam.

Im Auditorium trennte Schmidt und Honecker der Mittelgang, was sie aber nicht hinderte, sich ein paar freundliche Worte zuzurufen. Im Präsidium aber rahmten ihn zwei Weltpolitiker ein. Das empfand er wie einen Ritterschlag. Er war nun, meinte er, angekommen. Auch wenn er sagte: *die DDR* ist es, sie ist gleichberechtigt und wird akzeptiert.

Ich verfolgte den feierlichen Akt wie überhaupt das ganze Geschehen nur am Bildschirm im Gästehaus, das wir nicht verlassen durften. Das strenge Ausgangsverbot für alle Mitarbeiter wurde lediglich ein einziges Mal für einen kollektiven Einkaufsbummel in Begleitung von Mitarbeitern der DDR-Botschaft für zwei Stunden außer Kraft gesetzt.

In der Tat erwies sich Helsinki als Durchbruch. Danach wurde Erich Honecker, natürlich nach ent-

Erich Honecker auf der politischen Weltbühne zwischen US-Präsident Gerald Ford und Bundeskanzler Helmut Schmidt, Helsinki 1975

Lothar Herzog: mit der TU 134A nach Helsinki

sprechender Vorarbeit unserer Diplomaten vor Ort, von verschiedenen Staatschefs eingeladen. Die gelegentlich großen Entfernungen machten den Einsatz eines Langstreckenflugzeuges nötig. Über die Einführung der sowjetischen IL 62 in den 70er Jahren hatte ich bereits geschrieben.

Ende 1977 wollte er zu einem Staatsbesuch in die Sozialistische Republik Vietnam und in die Demokratische Volksrepublik Korea aufbrechen. Mit einer Zwischenlandung in Taschkent kam man bis Hanoi. Um von dort aber nach Pjöngjang zu gelangen, war eine weitere Zwischenlandung nötig. Allerdings lehnten einige dafür infrage kommende Staaten ab, sie wollten keine Maschine aus der DDR weder in ihrem Luftraum noch auf ihrem Territorium haben. Im September 1977 fragte der DDR-Botschafter in Indonesien in Manila an, ob die Philippinen eine

Zwischenlandung erlauben würden. Präsident Ferdinand Marcos, der im Jahr zuvor erst der Sowjetunion einen Besuch abgestattet hatte und sich aus der Umklammerung der USA lösen wollte, fragte zurück: »Warum eine Zwischenlandung? Machen wir doch gleich einen offiziellen Staatsbesuch daraus.« Am 27. September ging in Berlin die offizielle Einladung ein.

Wir brachen Ende November mit zwei IL 62 auf. Zur Delegation gehörten neben Erich Honecker Wirtschaftssekretär Günter Mittag und Außenminister Oskar Fischer. Im Reisegepäck befanden sich ein Handelsabkommen und eine Vereinbarung zur Entwicklung der ökonomischen Beziehungen zwischen der DDR und dem Inselstaat in Fernost.

Begrüßung in Manila durch Präsident Marcos

Wir trafen am 1. Dezember in Hanoi ein und flogen am 6. Dezember weiter nach Manila, wo die Delegation mit großen Ehren und Blumenkränzen um den Hals empfangen wurden. Kein Vergleich mit Vietnam, das zwei Jahre nach dem Ende des jahrzehntelangen Krieges ausgezehrt und ermattet am Boden lag. Es gab erhebliche Probleme mit der Unterbringung und der Versorgung der Delegation. Der Besuch in Vietnam war aber eine wichtige politische Geste, die zeigen sollte: Die Solidarität geht weiter!

Präsident Ferdinand Marcos hingegen war seit 1969 im Amte und hatte sich während des Krieges der USA gegen Vietnam als deren treuer Vasall erwiesen, er war eine der wichtigen Stützen der Ostasienpolitik Washingtons. Doch als der Protest gegen seine Haltung zunahm, verhängte Marcos 1972 das Kriegsrecht über das Land, das noch immer galt, und nahm einen Kurswechsel vor, er verfolgte nunmehr eine Politik der Äquidistanz zu den Großmächten. Da kam ihm der Besuch eines Verbündeten Moskaus ziemlich gelegen – und die DDR möglicherweise zu einem unerwarteten und sehr ungewöhnlichen Verhandlungspartner. Auch in Manila – wie schon zuvor in Hanoi und danach in Pjöngjang – gab Erich Honecker ein Bankett, wozu alles, Spitzenköche inklusive, aus der DDR mit einer Sondermaschine eingeflogen wurde: Radeberger Bier, Rotkäppchen-Sekt, Wein aus Meißen, Thüringer Wurst, Eisbein und natürlich das obligatorische Kassler. Die politischen Gespräche waren erfolgreich, und auch nach dem Sturz von Marcos 1985 bestanden bis zum Ende der DDR stabile wirtschaftliche und politische Beziehungen zu den Philippinen. Alle Verträge wurden von der Bundesregierung nach dem 3. Oktober 1990 aufgekündigt, so auch das Handelsabkommen vom 7. Dezember 1977. »Nicht gekündigt wurde dabei die Vereinbarung über Maßnahmen zur Entwicklung der ökonomischen Beziehungen vom 7. Dezember 1977. Sie dürfte deshalb noch heute de jure Gültigkeit haben. Das Gleiche betrifft den Vertrag über die Städtepartnerschaft Berlin-Manila. Dabei gilt natürlich rein formal auch hier der alte völkerrechtliche Grundsatz: Pacta sunt servanda«, schrieb Eberhard Kunz 2006, einst DDR-Botschafter auf den Philippinen.

Von Pjöngjang kehrten wir nach knapp zwei Wochen in Fernost zurück. In Irkutsk mussten wir zum Tanken zwischenlanden. Dort herrschten minus 30 Grad. In Manila hatten wir 35 Grad plus. Hinzu kam die Zeitverschiebung, kurzum: Alle waren nach dieser Reise ziemlich geschlaucht. Zu allen Strapazen gesellte sich noch Missgeschick: Politbüromitglied Joachim Herrmann rutschte beim Aussteigen auf der überfrornen Gangway aus und brach sich das Bein. Dank der Ärzte an Bord konnte der Medienverantwortliche die Reise fortsetzen. Den nächsten Stopp gab es in Moskau: Nicht nur um zu tanken, sondern auch weil Erich Honecker dem Kreml über Verlauf und Ertrag der Reise berichten musste.

Völlig gerädert kam ich in Berlin an. Wegen des Jetlags hatte ich große Mühe, mich anderentags aus dem Bett zu quälen. Honecker jedoch saß wie gewohnt am Frühstückstisch und bald schon wieder in seinem Büro am Marx-Engels-Platz. Ich fand es erstaunlich, wie der Mittsechziger den Stress einer solchen Reise scheinbar folgenlos wegsteckte. Denn im Unterschied zu mir, dessen Aufgaben, nun ja, vergleichsweise einfach und überschaubar waren, musste er zwölf Tage lang agieren und jede Minute hellwach sein. Seine Selbstdisziplin war beachtlich.

Im Staatsratsgebäude hatte er neben seinem Büro einen Ruheraum, ferner ein Bad mit Toilette und die Küche, wo ich bisweilen das Essen anrichtete. Zudem sorgten zwei Sekretärinnen ebenfalls für sein Wohlbefinden. Dennoch schien er sich in diesem Hause nicht wohlzufühlen, als ob der Genius loci – und der hieß Ulbricht – ihn belastete. Er floh dem Ort geradezu, wenn er die unvermeidbaren Termine

Sitzungssaal des Staatsrates, der seit Jahrzehnten leersteht. Aufnahme vom Februar 2008

dort absolviert hatte. Obwohl ich immer alles vorbereitet hatte, nahm er niemals eine Mahlzeit dort ein, weder allein noch in Gesellschaft.

Er nahm dort die Beglaubigungsschreiben der Botschafter entgegen, sprach mit den Vertretern der Parteien des Demokratischen Blocks oder mit ausländischen Politikern, die Staatsratssitzungen hatte er bereits in den Kleinen Saal im Palast der Republik verlegt. Im Saal neben seinem Büro erfolgten die Auszeichnungen zum 1. Mai und zum 7. Oktober. Es fanden aus verschiedenen Anlässen Empfänge und Bankette statt ...

Das Staatsratsgebäude im Herbst 2010, im Vordergrund die freigelegten Fundamente des Schlosses, die von Archäologen untersucht werden

Aber er schien das Haus nicht zu mögen. Im Unterschied zu mir. Ich war bereits bei seiner Übergabe 1964 dabei. Ulbricht nahm als Hausherr den Neubau anlässlich des 15. Geburtstages der Republik in Besitz. Das architektonisch interessante Staatsratsgebäude mit dem Schlossportal, von dem Liebknecht 1918 die sozialistische Republik Deutschland ausgerufen hatte, steht seit 1993 unter Denkmalschutz und wird seit einiger Zeit von einer internationalen Managerschule genutzt. Kurzzeitig diente es auch Bundeskanzler Gerhard Schröder als Dienstsitz. Der Plan von ThyssenKrupp, unmittelbar vor dieses Gebäude die Hauptstadtrepräsentanz des Konzerns zu errichten, womit der Blick auf die Fassade des Staatsratsgebäudes verstellt würde, erledigte sich 2012 nach verständlichen Protesten. Interessant in diesem Kontext ist auch die Tatsache, dass das Unternehmen für das 737 Quadratmeter große Baugrundstück in der

Meldung und Übergabe des Hauses an den Staatsratsvorsitzenden Walter Ulbricht, 1964

Der Maler Walter Womacka, Schöpfer der Glasfenster im Staatsratsgebäude, bei seinem letzten Besuch im Hause am 28. Februar 2008

Mitte Berlins lediglich 3.766 Euro an das Land Berlin zahlen musste. Das zahlen andere für den Meter ...

Zu den Verpflichtungen, denen Erich Honecker hingegen gern nachkam, gehörte die Diplomatenjagd.

Auch diese Übung hatte er von seinem Vorgänger übernommen, wobei nicht klar ist, wo sich Ulbricht – wahrlich kein Nimrod – dies abgeschaut hatte. Tatsache ist, dass in den 50er und 60er Jahren die Bundespräsidenten Heuß und Lübke die in Bonn tätigen Vertreter des Auslandes nach Oelde ins Münsterland einluden, um im dortigen Staatsforst

Geisterholz auf Niederwild zu schießen. Den Ausflug nannte man Diplomatenjagd. Walter Ulbricht nun bat um die Jahreswende herum das in der DDR ansässige diplomatische Corps nach Schierke zur Großwildjagd. Die Zahl der Botschafter war überschaubar, die der erlegten Hirsche und Rehe auch. Das aber war unerheblich. Der Sinn dieser Übung bestand darin, dass sich in entspannter Atmosphäre, bar jeglichen Protokolls, die Spitzenpolitiker des Gastgeberlandes mit den Abgesandten fremder Staaten begegneten.

Nach der Anerkennungswelle in den frühen 70er Jahren war der Kreis der Diplomaten gewaltig angewachsen, woraus sich nicht nur ein logistisches Problem ergab. Es gab auch ein waidmännisches: Woher die vielen Hasen nehmen? Denn dass jeder Botschafter mindestens einmal treffen musste, stand außer Frage. Das gebot schon die Gastfreundschaft.

Bundespräsident Heinrich Lübke, sehr zünftig, bei der Diplomatenjagd im Staatsforst Geisterholz, 1960

In den ersten Jahren fand die Treibjagd in der Börde statt, die Diplomaten reisten mit dem Regierungszug bis Magdeburg. Als dort die Hasen knapp wurden, ging es nach Thüringen. Wir fuhren mit dem Regierungszug ab Berlin, dann stiegen wir in Erfurt in den Bus.

Bei den ersten Ausflügen legte man traditionell die Strecke, das heißt die niedergestreckten Hasen wurden nebeneinander gelegt. Das bot die Möglich-

Hasenstrecke nach der Diplomatenjagd in der Magdeburger Börde

keit, die toten Tiere ziemlich leicht zu zählen. Und es geschah, was geschehen musste: Die von den wahnsinnig erfolgreichen Jägern angegebenen Abschusszahlen stimmte nie mit der der toten Hasen überein. Um diese Peinlichkeit nicht offenbar werden zu lassen, wurden fortan die erlegten Langohren im Kreis aufgebahrt, wodurch das Nachzählen erheblich erschwert wurde.

Meine Mission bestand darin, mich diskret im Hintergrund zu halten, denn für die gastronomische Betreuung sorgte ausgewähltes Personal aus Erfurter Hotels. Dafür hatte die Bezirksleitung der SED zu sorgen wie auch für ausreichend Hasen. Die meisten, das kann ich verraten, lagen bereits in den Kühlhäusern, als wir in Thüringen eintrafen. Sie wurden dann zu den tatsächlich erlegten gepackt, damit die

Das Geschwader der dienstbaren Geister bei der Diplomatenjagd im Thüringer Wald, rechts Herzog

Diplomatenjagd hieß auch zweimal umziehen: hier die Abendgarderobe der Kellner

Strecke gewaltig aussah. Ich behielt meinen Chef im Auge, und er wusste, wie er mich zu sich zitieren konnte. In meiner Tasche hatte ich Erfrischungstücher, mit denen er sich die Hände säuberte, und ein spezielles Mundwasser. Er hasste, was verständlich war, Mundgeruch bei anderen, und wollte diesen tunlichst bei sich selbst vermeiden. Denn auf der Jagd, insbesondere nach deren Ende, kam man sich besonders nahe. Weshalb man ja überhaupt zum großen Schießen erschienen war – denn die wenigsten Diplomaten waren Schützen und im Umgang mit Jagdwaffen geübt.

Das traf auch auf Günter Gaus zu. Dieser war seit 1974 Ständiger Vertreter der Bundesrepublik *bei*, nicht *in* der DDR, worauf der ehemalige Journalist, im Umgang mit der deutschen Sprache und ihren Feinheiten besser trainiert als mit der Waffe, großen Wert legte. Gaus schätzte Honecker, er zollte ihm nicht zuletzt wegen dessen zehnjähriger Haft unter den Nazis Respekt, und auch Honecker mochte den ehrlichen Hanseaten. Bei der Diplomatenjagd im Februar 1981, seiner letzten, weshalb eine Kamera der ARD dabei war, wurde die Nähe der beiden offenbar. Honecker erkundigte sich: »Wieviel haben Sie?«, darauf Gaus: »Zwei.« Honecker entgegnete kopfschüttelnd: »Und dabei hat man Sie an eine solch' gute Stelle …« Gaus zweifelnd: »Also, bin nicht sicher … Wieviel haben Sie denn?« Der stolze Staatsratsvorsitzende: »Achtzehn.« Darauf wieder Gaus: »Stoph hat zehn.« Honecker, in einer Mischung aus Unmut und Skepsis: »Nicht möglich.« Der sensible Gaus hatte ein feines Gespür für Zwischentöne. »Hat er mir eben gesagt.«

Honecker ruderte zurück und ergriff Partei für seinen Jagdgenossen. »Dann stimmt's, wenn er das sagt«, und um das Ausgangsproblem wieder aufzunehmen, fragte er neuerlich nach der Stelle, an die man Gaus gestellt hatte: »War die nicht gut ausgewählt?« Der wegen möglicher Konsequenzen besorgte Gaus antwortete: »Windig, aber schön, richtig schön, doch.«

Nach Honeckers dreifachem »Horrido« wurde das kollektive Jagdglück mit einem angemessenen Schmaus gefeiert. Erich Honeckers Nachbarn im Zelt, keineswegs zufällig: Pjotr Abrassimow und Günter Gaus.

Diplomatenschmaus nach der Jagd. Die Kellner halten sich diskret im Hintergrund und gehen aus dem Bild, wenn der Chef spricht. In jedem Jahr das gleiche Ritual mit unverändertem Drehbuch

Neues Heim, neues Glück

1977 bezog unsere vierköpfige Familie eine Vierraumwohnung im Prenzlauer Berg. Hundert Quadratmeter im zehnten Stock – der helle Wahnsinn. Erstmals hatte jedes Kind ein eigenes Zimmer. Natürlich war die Miete extrem hoch, wir zahlten mit 198 Mark das Dreifache, was wir bisher für die Warmmiete ausgegeben hatten. Und wie es bald hieß, hatte man sich verrechnet, wir sollten gar 270 zahlen, wegen der Aussicht und überhaupt. Doch in der DDR gab es ein Gesetz, welches vorschrieb, in welchem Verhältnis die Miete zum Monatseinkommen der Mieter zu stehen habe, und das zwang die kommunale Wohnungsverwaltung, die KWV, uns weniger als zweihundert Mark monatlich abzuknöpfen.

Unser Neubaugebiet war, wie alle in der DDR errichteten Siedlungen, städtebaulich konzipiert, also mit allen lebensnotwendigen Einrichtungen: mit Kinderkrippe und -garten als Kombi, mit Schule, Kaufhalle und »Dienstleistungswürfel« mit Post, Sparkasse, chemischer Reinigung, Zeitungskiosk, Blumenladen, Jugendklub und Schwimmhalle, alles logisch und vernünftig. Dazu viel Grün im Kiez und unweit die sogenannte Oderbruchkippe, ein Trümmerberg ähnlich dem »Mont Klamott« im Friedrichshain, auf dem die Kinder rodeln oder Ski fahren konnten (selbst Schnee gab es damals noch).

Ich hatte soeben meinen Einjahreslehrgang auf der Kreisparteischule am Abend absolviert, vier Jahre später sollten mich die Genossen zu einem ebenso langen Kurs an die Bezirksparteischule schicken. Ich müsse nicht nur gastronomisch, sondern auch politisch hinlänglich qualifiziert sein, meinten sie. Nichts dagegen zu sagen, ich nahm das Angebot gern an, wenngleich wohl auch sie dem Irrtum unterlagen, ich würde nicht nur bei Erich Honecker kellnern, sondern mit ihm auch politische Konversation pflegen.

Das Abendstudium – neben all meinen dienstlichen und auch familiären Verpflichtungen – verlief unproblematisch. Es gab keine dramatischen Zuspitzungen wie etwa im Februar 1974, als ich Erich Honecker erstmals nach Kuba begleitete. Marianne musste damals unmittelbar vor meinem Abflug mit entzündetem Blinddarm ins Krankenhaus. So blieb mir nichts anderes übrig, als beide Kinder für die Dauer unserer Abwesenheit ins Heim zu geben. Nach meiner Rückkehr aus der Karibik holte ich zunächst meine Frau aus dem Krankenhaus und dann Peter und Beate aus dem Heim. Sie beklagten sich nicht, aber gaben uns unmissverständlich zu verstehen: nie wieder. Ich verstand das sehr gut: Ein Heim, und sei das Personal noch so sympathisch, ist kein Ersatz für eine Familie, es bleibt ein Heim und damit eine Einrichtung.

Die große Welt
und der kleine Staatsmann

Erich Honecker war kein Riese von Wuchs. Auf die etwa Einmetersiebzig schauten die meisten Politiker, denen er begegnete, von oben herab. Das verstärkte den ihm innewohnenden Minderwertigkeitskomplex. Im Unterschied zu anderen von seiner Statur versuchte er jedoch nicht, das etwa durch besonders schneidiges Auftreten, gar mit Witz oder Charme zu kompensieren. Er war kein Napoleon. Wobei gelegentlich durchaus Ironie aufblitzte. Als im Juli 1983 Franz Josef Strauß gelegentlich einer »Privatreise« am Werbellinsee vorbeischaute – die überraschende Begegnung mit dem Ministerpräsidenten aus München hatte Alexander Schalck-Golodkowski arrangiert – und sich die beiden Politiker für das Protokollbild aufstellten, sah man nicht nur, dass der bullige Bayer den Saarländer um einiges überragte, sondern dass sie sich auch in der Gewandung unterschieden. Honecker trug einen hellen Sommeranzug, Strauß einen dunklen. Das merkte auch dieser und machte selbst darauf aufmerksam, worauf Honecker salopp entgegnete: Sie sind doch nun mal ein Schwarzer.

Bei den Auslandsreisen wurden wir wiederholt mit Unwägbarkeiten und Problemen konfrontiert, die sich nicht so leicht wegbügeln ließen wie ein falsches Dress. Ich lernte von Mal zu Mal und ver-

suchte im Flieger zu kompensieren, was an Defizi-
ten bei der Staatsvisite auftreten konnte. Honecker
hielt sich bei fremder Küche immer sehr zurück, aß
oft nur aus Höflichkeit etwas, um nicht die Gastgeber zu beleidigen, um sich dann an Bord des Flugzeuges – wie man so sagt – sattzuessen. Dies erklärte
auch den bereits erwähnten Hang, nach der Abar-
beitung des konzentrierten politischen Programms
umgehend nach Hause zurückzufliegen.

Ziemliche eng in der »Küche« der IL 14

Dabei nutzte er aus Gründen der Bequemlichkeit eine der beiden umgebauten Salonflugzeuge des Typs IL 62M. Doch nicht nur deshalb: Der Riesenvogel machte natürlich auch etwas her. In dieser Hinsicht schien mir EH denn doch ein wenig eitel. Die vierstrahlige Iljuschin war vielleicht mit der Boeing 707 vergleichbar, wenngleich die ihre Turbinen an den Tragflächen, die IL 62 am Heck trug. Für mich war vor allem die ordentliche Bordküche interessant.

In der zweiten Hälfte der 70er Jahre war Honecker so oft auf Reisen wie später nie wieder, wenngleich die Staatsbesuche in den 80er Jahren natürlich politisch gewichtiger waren: Japan, Österreich, Frankreich, Spanien, Belgien, Holland, Schweden, Finnland … Doch selbst bei Visiten in den Nachbarländern Polen und Tschechoslowakei benutzte er die IL 62, wohl auch um damit den Verbündeten zu zeigen, dass die DDR im Bündnis die Nr. 2 war.

Und was auch kaum vorstellbar ist: einige Einladungen lehnte er gar ab. Nicht jedem Staat, insbesondere in der Dritten Welt, wo man ihn auch gern begrüßt hätte, erwies er die Ehre. Das war allerdings nicht ausschließlich einer Reiseunlust und bestimmten unangenehmen Erfahrungen in der Fremde geschuldet, sondern reiner Pragmatismus. Staatsbesuche dienen nicht dem Kennenlernen, sondern einem politischen und wirtschaftlichen Zweck. Den politischen Sinn kann man propagandistisch aufladen, den wirtschaftlichen nicht. Stets stand bei den Reisezielen die Frage: Was wollen wir von ihnen, und was können wir denen bieten? Sofern es ent-

Im Vorkommando mit Franz Jahsnowski (im weißen Hemd) im Dezember 1978 in Indien

sprechendes Potenzial gab, wurden Verträge vorbereitet, die dann bei dem Besuch unterzeichnet wurden. Das erklärt, weshalb die Entscheidung, wohin Honecker reisen sollte, zunehmend im Außenhandelsministerium getroffen und natürlich vorbereitet wurden. Ein Besuch des DDR-Staatsoberhauptes beispielsweise in Tuvalu hätte es nie gegeben – und das nicht nur wegen der langen Distanz. Meines Wissen war dort auch noch nie ein deutscher Bundeskanzler, wie eben bundesdeutsche Politiker nicht eben häufig in Afrika unterwegs sind. Die Gründe sind vermutlich die gleichen, die Honeckers Reisepolitik diktierten.

Die Ausflüge waren immer sehr dicht gepackt, sie waren nicht geeignet, Land und Leute wirklich kennenzulernen. Ulbricht schaute sich 1965 in Ägypten noch die Pyramiden an und besichtigte die Baustelle des Assuan-Staudamms, Honecker hingegen spulte sein politisches Programm ab. Vom 12. bis 15. Januar 1977 waren wir in Jugoslawien, vier Tage für Termine in Belgrad und Zagreb. Das war alles. Oder Vietnam in sechs Tagen. Vom 6. bis 13. April besuchten wir das schwer gezeichnete Land. Nun räume ich ein, dass die Umstände zwei Jahre nach Kriegsende nicht unbedingt einladend waren, aber das war so nicht vorhersehbar, will heißen: sie waren nicht die Gründe, weshalb sein Programm so straff war. Unterbringung und Versorgung konnte man nicht anders als katastrophal bezeichnen, obgleich sich die Vietnamesen geradezu rührend um die Langnasen aus Europa mühten. In den Gästehäusern gab es selten elektrischen Strom, Wasser tröpfelte nur aus den Hähnen, die feuchtschwüle Hitze in den Zimmern war unerträglich, weil es entweder keine Klimaanlagen gab oder diese mangels Strom nicht in Betrieb waren. So lebten wir denn von unseren Notreserven an Bord des Flugzeuges. Der Koch arbeitete rund um die Uhr.

Anders bei der Reise nach Indien im Januar 1979. Ich gehörte zur Vorbereitungsgruppe, die in der Vorweihnachtswoche unter Leitung des Protokollchefs des Außenministeriums auf den Subkontinent reiste. Franz Jahsnowski, 1930 in Frankreich geboren, war Diplomat seit den 50er Jahren und sprach fünf Sprachen akzentfrei, eine Zeitlang war er persönlicher Sekretär Ho Chi Minhs. Der Gruppe gehörten auch Sicherheitsleute an, denn der Sinn dieser Reise war

Auf Quartiersuche in Bombay, das heute Mumbai heißt, mit rund zwölf Millionen Einwohnern die größte Stadt Indiens. Links das Taj Mahal Palace Hotel, im November 2008 Ort einer Geiselnahme durch islamistische Terroristen. Es gab damals 174 Tote und 239 Verletzte in der Stadt

die abschließende Besprechung und Präzisierung des politischen und des Besuchprogramms sowie Überprüfung aller sicherheitsrelevanten Aspekte. Erstmals war auch ich in die Arbeit eines solchen Vorkommandos eingebunden.

Diese Reise vom 10. bis 18. Dezember 1978 ist mir auch deshalb in lebhafter Erinnerung, als ich bei einem Schneider in Neu Delhi die Maße meiner Frau und meine eigenen sowie Skizzen hinterließ, wie die Lederjacken aussehen sollten, die wir wünschten. Ich würde in der Woche zwischen dem 7. und 12. Januar 1979 wiederkommen und die Jacken abholen, sagte ich ihm. Und so geschah es. Die beiden Teile saßen wie angegossen.

Nach Indien flogen wir dann mit zwei Maschinen.

Die Reise war ein Gegenbesuch. Indira Ghandi, damals Premierministerin, war im Juli 1976 in Berlin gewesen und hatte dadurch die DDR international erheblich aufgewertet. Die Tochter Nehrus, eines der Begründer des unabhängigen Indiens, war 1966 erstmals zur Premierministerin gewählt worden und eine der Galionsfiguren der Bewegung der Nichtpaktgebundenen. 1980 wurde sie erneut an die Spitze der Regierung gestellt, Honecker beglückwünschte sie und bekam als Antwort aus der – wie es immer heißt: größten Demokratie der Welt – telegrafiert: »Ich teile Ihre Zuversicht, dass sich die Freundschaft zwischen unseren beiden Ländern in den nächsten Jahren weiter entwickeln wird, so dass unsere beiden Völker Nutzen aus unserer Zusammenarbeit ziehen können.« Fünf Jahre nach unserem

Die indische Premierministerin Indira Ghandi zum Staatsbesuch in Berlin, 1976

Besuch auf dem indischen Subkontinent, am 21. Oktober 1984, wurde Indira Ghandi auf dem Weg zu einem Interview mit dem Schauspieler Peter Ustinov von einem ihrer Leibwächter in New Delhi erschossen.

Indien, das heute über eine Milliarde Menschen zählt, faszinierte uns alle, wobei natürlich die gravierenden sozialen Gegensätze nicht zu übersehen waren. Am Rande der aufstrebenden, modernen Städte wucherten die Slums. Honecker schrieb dazu in seinen 1980 erschienenen Erinnerungen (»Aus meinem Leben«), dass ihn die »herrlichen Denkmäler der Kultur und die geschichtlichen Leistungen des indischen Volkes« überwältigt hätten, zugleich wäre er erschüttert gewesen über »die Zeugnisse des verbrecherischen Kolonialismus«. Kolonialismus aber sei kein »Betriebsunfall der Geschichte«, das wisse man auch in Indien.

Im Vorkommando unterwegs in Libyen, Januar 1979. Links Oberstleutnant Rudolf Knaut, HA PS

Kurz nach dieser strapaziösen Reise startete ich zu einer weiteren Vorbereitungsreise, diesmal ging es nach Afrika. Vom 21. Januar bis 1. Februar 1979 war das Vorkommando in Angola, Sambia und Mocambique unterwegs, nach einem kurzen Aufenthalt daheim hatten wir vom 10. bis 12. Februar in Libyen zu tun. Wir flogen jedes Mal mit einer TU 134, was uns zu diversen Zwischenlandungen zwang. So mussten wir in der Volksrepublik Benin, die bis 1975 noch Dahomey hieß und früher eine französische Kolonie war, zum Tanken landen. In dem Land herrschten, wie sich erst jetzt herausstellte, bürgerkriegsähnliche Zustände, wir schafften es unter Lebensgefahr vom Flughafen zum Hotel, und Dank der Überredungskünste von Franz Jahsnowski und seines Koffers mit Bargeld bekamen wir genug Kerosin und die Starterlaubnis, so dass wir bis Luanda kamen.

Unsere Visite in Angola, Sambia und Mocambique war insofern nützlich, als wir nun wussten, dass beim Staatsbesuch nicht nur Lebensmittel und Getränke mitzunehmen waren, sondern einfach alles – vom Toilettenpapier über Streichhölzer und Kerzen bis hin zu Feldbetten und Luftmatratzen. Uns blieben in Berlin gerade zwei Tage, um alle notwendigen Vorbereitungen zu treffen.

Natürlich mühten sich die Gastgeber um ihren hohen Besuch aus Europa, zumal sie von diesem auch einiges erwarteten. Gleichwohl war ein Teil des Elends auch protokollarischen Ursprungs. In Indien waren wir diesbezüglich nicht so gefordert worden, da wirkten – bei aller kritischen Distanz zur Vergangenheit – noch Strukturen und Stabskultur aus der britischen Kolonialzeit nach. Nicht so in den afrikanischen Staaten. Nicht nur ich wusste an manchen Tagen nicht, wo mir der Kopf stand. Honecker erinnerte daran diplomatisch-höflich: »Bei Besuchen in einigen Betrieben und im Hafen von Luanda, der Hauptstadt Angolas, konnten wir sehen, wie schwierig es ist, die Wirtschaft in einem solchen Land zu entwickeln.«

Angola war politisch noch sehr instabil, und so mussten wir versuchen, ein Höchstmaß an Sicherheit für die Delegation zu garantieren. Personenschützer, Steward und Koch waren stets hellwach und achteten auf alle Unregelmäßigkeiten. Hinzu kam, dass Honecker kaum etwas zu sich nahm, auch nicht bei uns an Bord. Die hohen Temperaturen um 35 Grad und die extreme Luftfeuchtigkeit machten ihm sichtlich zu schaffen. Das Gästehaus war ohne Klimaanlage, so dass wir alle kaum ein Auge in der Nacht schlossen. Auch wenn die üppige Vegetation rings um unsere temporäre Bleibe alles sehr freundlich erscheinen ließ, war die entsetzliche Not in dem erst seit dem Abzug der Portugiesen vor vier Jahren unabhängigen Land nicht zu übersehen. Vor dem Gästehaus saß stundenlang eine Mutter mit ihrem Baby, bis wir merkten, worauf sie wartete: auf unsere Küchenabfälle. Das berührte uns sehr unangenehm. Unser Koch drückte ihr einige Lebensmittelkonserven in die Hand, was die Frau in Tränen ausbrechen ließ.

Sambia, die nächste Station, vormals Nordrhodesien und zwischen Angola und Mocambique gele-

Ankunft in Luanda, der Hauptstadt Angolas, am 17. Februar 1979. Rechts Präsident Dr. Agostinho Neto

gen, befindet sich auf einer Hochebene. Das Klima schien dadurch im Vergleich mit Angola erträglicher, zumindest in der Nacht sanken die Temperaturen in Lusaka merklich. Die gesamte Delegation einschließlich ihrer Begleitung war in einem Luxusquartier aus britischer Kolonialzeit untergebracht. Auch die Küche war noch very british. Honecker traf sich mit Kenneth Kaunda, dem Präsidenten, und fand zu ihm einen guten Draht. Auch gab es

Stimmung in Maputo, Mocambique, 23. Februar 1969. Links Parlamentspräsident Marcelino dos Santos, Gründungsmitglied der FRELIMO

Begegnungen mit wichtigen Persönlichkeiten aus den Nachbarstaaten, die in der Folgezeit noch eine wichtige Rolle spielen sollten wie etwa Oliver Tambo, damals Chef des südafrikanischen ANC, mit dem Präsidenten der SWAPO Sam Nujoma, mit Robert Mugabe, damals Präsident der Afrikanischen Front von Simbabwe (ZANU), und mit Joshua Nkomo, dem Kopf der Afrikanischen Volksunion von Simbabwe (ZAPU). Jedenfalls sah ich Erich Honecker erst wieder auf dem Weiterflug, er absolvierte in Sambia ein umfangreiches Programm.

Das war in Mocambique eher nicht der Fall. Auf der vierten Station seiner Afrika-Reise – zum Auftakt waren wir in Libyen gewesen, wozu ich noch ein paar Worte verlieren werde – zeigte Erich Honecker erste Ermüdungserscheinungen, wie auch wir alle schon ziemlich malade waren. Klima und Umstände glichen denen in Angola. Das Hotel in Maputo war ziemlich luxuriös, doch es floss kaum Wasser und der elektrische Strom nur gelegentlich. Dass die Versorgung kaum unseren Vorstellungen entsprach, hatten wir bereits als Vorkommando festgestellt. Trotz gepfefferter Übernachtungskosten gab es zum Frühstück lediglich eine gebutterte Toastscheibe und eine Tasse Tee, Lunch und Diner fielen ebenfalls sehr bescheiden aus. Honecker drückte aufs Tempo. Er unterzeichnete mit Präsident Samora Machel einen Vertrag über Freundschaft und Zusammenarbeit.

Die anschließende Kundgebung zog sich in die Länge, weil Honeckers Rede absatzweise ins Portugiesische übertragen wurde, dann wurde sie gruppenweise überall auf dem Platz in verschiedene Landessprachen übersetzt und schließlich brachte Machel Honeckers Hauptgedanken auch noch in

Mit Mocambiques Präsident Samora Machel auf dem Flughafen von Maputo

Ronga zu Gehör. Das ist eine Batu-Sprache, die im Süden des Landes von vielleicht einer Dreiviertelmillion Menschen gesprochen wird. Danach kehrten wir glücklich, aber geschlaucht nach Europa zurück.

Den Auftakt der ersten Afrikareise Erich Honeckers – im Herbst 1979, also noch im gleichen Jahr, besuchte er Äthiopien und danach den Jemen – bildete Libyen. Es sollte das erste islamische Land sein, das das DDR-Staatsoberhaupt einlud. Es bestanden bereits wirtschaftliche und auch politische Beziehungen zwischen beiden Staaten, die namentlich von Werner Lamberz angeschoben worden waren. Lamberz war vor Jahresfrist, am 6. März 1978, mit einem Hubschrauber auf dem Flug nach Tripolis abgestürzt.

Mit ihm starben auch Paul Markowski, der Leiter der ZK-Abteilung Internationale Verbindungen, der ADN-Fotograf Hans-Joachim Spremberg und der Dolmetscher Armin Ernst.

Das Unglück überschattete in gewisser Weise Honeckers Staatsvisite, auch wenn er in seinen Erinnerungen davon unberührt schrieb: »Die Gespräche mit Muammar el Ghaddafi ergaben viele Anregungen für eine langfristige, den gemeinsamen Interessen dienende Zusammenarbeit unserer Staaten und Völker.« Und: »Unsere libyschen Freunde erläuterten uns ausführlich ihren Standpunkt zu den Lebensfragen der arabischen Völker, zum Recht des palästinensischen Volkes, in seine Heimat zurückzukehren und seinen eigenen, unabhängigen Staat zu bilden. Nicht länger wollen die arabischen Völker Opfer von imperialistischen Aggressionen, von Landraub und Erniedrigung sein.«

Gaddafi in der DDR im Juni 1978

Als wir mit unserer IL 62 in Tripolis landen wollten, tobte über der Hauptstadt ein Sandsturm, und wir wurden nach Bengasi umgeleitet. Ohne dass es jemand an Bord aussprach, wertete das fast jeder als ein schlechtes Omen. Schon die erste Station eine Panne. Und im Hinterkopf der Hubschrauberabsturz von Lamberz im Hinterkopf.

In Bengasi warteten wir einige Stunden, ehe sich der Sandsturm legte und wir in die Hauptstadt fliegen konnten. Dadurch geriet der minutiös erarbeitete Zeitplan schon am ersten Tag durcheinander. So schrumpfte das Gespräch mit Revolutionsführer Gaddafi, der im Vorjahr die DDR besucht hatte und damals mit dem Großen Stern der Völkerfreundschaft geehrt worden war, zur kurzen Höflichkeitsvisite.

Eine derart intensive Reisetätigkeit wie 1979 sollte Erich Honecker in den 80er Jahren nicht ent-

*Auf Visite in Äthiopien im November 1979, neben
Erich Honecker Mengistu Haile Mariam*

falten, eine Wiederholung fand nicht statt. Er hatte
nun Afrika und Asien gesehen und sich einen Eindruck verschafft, das sollte genügen. Mehrtägige
Tourneen durch mehrere Staaten gab es nie wieder.
Die Gründe werden gewiss subjektiver wie auch
objektiver Natur gewesen sein.

Warum in die Ferne schweifen?

Obgleich Honecker wiederholt private Einladungen aus dem Ausland erhielt, zog er es vor, sich in der Heimat zu erholen. Er nutzte dazu die Insel Vilm, dann das Jagdhaus Wildfang, später Hubertusstock und das Gästehaus am Döllnsee, das Ulbricht bereits in den letzten Lebensjahren als eine Art Alterssitz bewohnte. In den 80er Jahren kam Drewitz in der Mecklenburger Seenplatte hinzu, ein 14 Hektar großes Anwesen, die Jagdresidenz. Die einzelnen Objekte hatten verschiedene Eigentümer. Das Gästehaus Dölln war dem Staatsrat zugeordnet und wurde auch aus dessen Etat finanziert. Das Jagdschloss Hubertusstock unterstand der NVA, das Objekt Wildfang in der Schorfheide

Besuch auf einer Bananenplantage in Nordjemen in Begleitung von Präsident Abdel Fattah Ismail und Ministerpräsident Ali Nasser Mohamed, 1979

Drewitz war ursprünglich Freizeitobjekt des 1981 verstorbenen ZK-Landwirtschaftssekretärs Grüneberg. Sein Nachfolger Felfe wollte es nicht übernehmen und bot es Krenz an, der, auch kein Jäger, es ebenfalls ablehnte. Drewitz wurde dann als Jagdresidenz vornehmlich für ausländische Gäste ausgebaut. Honecker machte nur einmal dort Urlaub, 1988, weil er in Dölln, wo seine zweijährige Enkelin Mariana verstorben war, nicht bleiben mochte. – Die Drewitz-Immobilie wurde 2011 für 3,4 Millionen Euro versteigert

galt als privat. Egal wo: Ich stand immer in Wandlitz auf Abruf und wartete auf einen Anruf. Dann setzte ich mich dorthin in Bewegung, wo mich Honecker brauchte. In der Regel meldete er sich 9 Uhr telefonisch im Klubhaus und bestellte das Mittagessen für sich und seine Begleitung. Am Wochenende, wenn seine Frau, bisweilen auch die Tochter, hinzukam, waren es einige Portionen mehr.

Täglich kam auch die Masseuse, um ihn durchzukneten, und zweimal in der Woche erschien Prof.

Wittbrodt, seine Leibärztin, zur Konsultation. Zumindest war das in den Urlaubswochen so, in denen ich täglich an seiner Seite war. Vermutlich absolvierte er dieses Gesundheitsprogramm auch im Rest des Jahres. Ich hielt und halte das für nichts Besonderes. Er ging schließlich auf die 70 zu und hatte noch immer eine 80-Stunden-Arbeitswoche.

Die einzig wirkliche Entspannung fand er im Wald bei der Jagd, sofern man dies der aktiven Erholung zurechnet. Aber wenn Mittag und andere um ihn herumscharwenzelten, konnte dies nicht sehr erholsam sein. Anfänglich war Honecker nur mit seinem Förster auf der Pirsch, das änderte sich irgendwann. Mittag vermochte sich mit kleinen (oder größeren) Geschenken in seine Gunst zu drängen, zumindest gewann ich diesen Eindruck. Mal brachte er ein Fern-

Man steht mal wieder in der Zeitung. Lothar Herzog beim Studium des Zentralorgans

glas für ihn mit, mal eine Jagdwaffe. Die Freizeitobjekte wurden ständig renoviert und mit neuer Technik ausgestattet, Fernseher aus dem Westen und Videorekorder und anderer Schnickschnack. Einmal stand in der Küche eine Geschirrspülmaschine, doch da ich mich mit so etwas nicht auskannte, wusch ich das Geschirr ab, wie ich es immer tat. Margot Honecker sah das, lachte, und erklärte mir, welche Knöpfe ich an der Mittagschen Maschine drücken musste, um sie in Gang zu setzen.

Wenn Erich Honecker in Begleitung auf Jagd war, zeigte er sich bei der Bewirtung stets großzügig. Ich hatte Thüringer Wurst aufzufahren, verschiedene Käsesorten, den obligatorischen Kasslerrücken mit Sauerkraut. Alkohol gab es wenig, meist nur Bier. Da er stets noch politische Themen behandelte, durfte ich mich beizeiten zurückziehen und konnte erst am nächsten Tag die Reste des Gelages beseitigen, sofern dies nicht schon von der Begleitmannschaft erledigt worden war.

Das Gästehaus am Döllnsee bot mehr Möglichkeiten zu aktiver Betätigung, doch die Schwimmhalle wurde von ihm so wenig genutzt wie die Ruderboote, die neben dem Badehaus vertäut waren. Nur das Motorboot fuhr er gelegentlich – sehr zum Leidwesen seiner am Ufer wartenden Personenschützer, denn er kannte sich mit der Bedienung des Fahrzeuges so wenig aus wie mit den Autos, die er, wenn auch selten, auf der Jagd fuhr. Er hatte im Übrigen keine Fahrerlaubnis. Einmal roch es sehr verdächtig nach verbranntem Gummi. Wie sich zeigte, hatte er gleichzeitig Gaspedal und Bremse getreten.

Die einzige Sportart, die er mochte: das Bad in der
Menge. Ansonsten hielt er es wie Churchill: no sports!
Hier besuchte und schüttelte er Hände in Halle, 1972

Zudem wurde er rasch ungeduldig und hektisch,
wenn etwas nicht so funktionierte, wie er es wünschte. Erich Honecker besaß kein technisches Grund-
verständnis, und es war unter seiner Würde, sich
erklären zu lassen, was eine Zündkerze oder ein Keil-
riemen war und wozu sie dienten. Das war für ihn so
uninteressant wie etwa eine Rechnung über die
Kosten eines Wochenendes im Gästehaus am Döllnsee oder die Speisen, die er orderte. Danach hat er
sich nie erkundigt. Und später auch nie bezahlt.

Das unter Ulbricht errichtete Konferenzgebäude
in Dölln, in welchem gelegentlich der Staatsrat zu-
sammenkam, weil der Vorsitzende nicht mehr mit
dem Auto nach Berlin fahren konnte, hat Honecker
nicht ein einziges Mal betreten.

Honecker interessierte sich zwar als Zuschauer für den Sport, aber selbst mied er ihn. Da hielt er es mit Churchill: no sports. Gut, auf die Zigarre und den Whiskey verzichtete er auch. Sein einziger Sport waren ausgiebige Waldspaziergänge, denn im Sommer herrschte Schonzeit, da gab's nichts zu jagen. Ab und an sprang er in den Döllnsee, das aber war schon alles an Bewegung. Nach dem Frühstück knetete ihn die Masseuse Erika Steinhorst eine halbe Stunde durch, dann schaute die Ärztin nach ihm. (Auch in Wandlitz ließ er sich, bevor er ins Auto nach Berlin stieg, täglich massieren.) Mittags speiste er mit seiner Frau. Margot Honecker bevorzugte vegetarische Kost, aber schloss sich auch seinen Wünschen an: das waren Kassler, Bouletten, Bratwurst und Schnitzel, Suppen und Brühen in allen Variationen. Fisch und Wild kamen so wenig auf den Tisch wie Spargel und Pilze. Auch Nachspeisen lehnte er ab. Obst nahm er nur in flüssiger Form zu sich. Ich sah ihn nie einen Apfel oder eine Banane essen. Abends gab es den üblichen Aufschnitt, beliebt waren auch Wiener und Bockwurst.

Am Nachmittag machte er sein Nickerchen, und nach dem Abendessen schaute er die Aktuelle Kamera und die Tagesschau, dann ließ er sich noch einen Film zeigen, den er bestellt hatte.

Es kam selten jemand zu Besuch nach Dölln. Seine beiden Töchter schauten gelegentlich mit ihren Familien vorbei, einmal kam auch Schwager Manfred Feist mit seiner Frau zum Kaffee. Ich merkte, als ich servierte, dass sich beide, Honecker und Feist, über wirtschaftliche Fragen unterhielten, insbesondere über das Bauwesen und die Einstellung der dort Tätigen. Feist nahm kein Blatt vor den Mund und redete von Missständen, was Honecker sichtlich missfiel. Es wurde immer lauter: Feist in seinem verständlichen Unmut, Honecker in seiner Ablehnung. Realismus schien ihm wie Verrat, eine Zustandsbeschreibung galt ihm bereits Kapitulation. Er war nicht nur menschlich einsam, sondern wurde es zunehmend auch in seinem Urteil. Manche Wahrheit ließ er nicht mehr an sich heran. Auch das eine Erklärung, weshalb er – wie andere Politiker – sein Augenmerk stärker auf die Außenpolitik zu legen begann. Im Ausland bedrängten einen die heimischen Probleme nicht, Auslandsreisen waren (und sind) eine Flucht vor der Innenpolitik.

Es ist angerichtet

Im Unterschied zu meinem Chef, der auch ohne Sport schlank blieb, nahm ich jedoch stetig zu. Seit Arbeitsbeginn in Wandlitz 1962 hatte ich in anderthalb Jahrzehnten 25 Kilo zugelegt, weshalb man mich im April 1978 für drei Wochen zur Kur nach Baabe abkommandierte. Der Kampf- und Kurauftrag lautete: Herstellung der maximalen Dienstfähigkeit. Ich hatte ein straffes Programm zur körperlichen Ertüchtigung zu absolvieren. Frühsport, Rad fahren, Wassertreten und Baden in der eiskalten Ostsee. So verlor ich denn einige Pfunde und konnte mich wieder ins Gefecht stürzen.

Der »Gefechtsstand« in Drewitz war natürlich von besonderer Güte. Ich hatte an der Ausstattung mitgewirkt und war auch bei der Übergabe im Sommer 1982 dabei. Das Objekt mitten im Grünen bestand nicht nur aus einem Wohnhaus, sondern besaß neben der obligatorischen Schwimmhalle auch noch einen Kinosaal sowie einen Konferenz- und Restaurantbereich. Zur Anbindung an die Außenwelt war eine Asphaltpiste durch den Wald gezogen worden. Ich beobachtete Honecker bei der Übergabe. Ich hatte nicht das Gefühl, dass er sonderlich erfreut schien: Ihm war das mehr als eine Nummer zu groß und die Ausstattung eine Spur zu üppig. Hatte er nicht erst unlängst auf dem X. Parteitag zu mehr Sparsamkeit aufgerufen? »Die Sicherung des Erreichten auf materiellem und kulturellem Gebiet sowie seine Mehrung verlangen einen volkswirtschaftlichen Leistungsanstieg wie nie zuvor. Das heißt, schon die Aufrechterhaltung des bisherigen Standards kostet zusätzliche Mühe«, hatte er 1981

Objekt Drewitz, aktuelle Aufnahme

erklärt. Und nun ein solch fürstlicher Bau, auch wenn er in erster Linie für auswärtige Besucher als Gästehaus gedacht war. Und schließlich: Auch die Betriebskosten mussten die DDR-Bürger, oder wie es heute heißt: der Steuerzahler, tragen. Honecker nutzte Drewitz jedenfalls nur ein einziges Mal.

In den 90er Jahren wurde um die Residenz eine Ferienanlage mit 36 Häusern errichtet. Der Investor aus Bremen ging pleite, Ende 2011 ersteigerte ein holländischer Touristikunternehmer die 14 Hektar für 3,4 Millionen Euro, und für weitere 900.000 erwarb er weitere umliegende Grundstücke.

Erich Honecker besaß durchaus ein gewisses Gespür für Stimmungen. Er hatte Kenntnis vom Unmut der Anrainer solcher Anwesen. Die sahen nur die dunklen Limousinen durchs Dorf jagen und hinter einem Schlagbaum im Wald verschwinden. Zum Flicken der Schlaglöcher im Dorf fehlte die Schaufel Asphalt, aber bei einer Zufahrt zur Staatsjagd herrschte kein Mangel. Und musste Erich Honecker gleich mehrere solcher Objekte haben und jeder im Politbüro eine eigene Jagd? Und in den Bezirken die 1. Sekretäre, und dann die Ministerien, an der Spitze die für Nationale Verteidigung und für Staatssicherheit?

Hubertusstock, wo er oft auch ausländische, insbesondere Gäste aus der Bundesrepublik begrüßte und bewirtete, hätte genügen können. Unter dem Reetdach konferierte er mehr oder minder inoffiziell. Herbert Wehner (SPD) und Wolfgang Mischnick (FDP) waren als erste dort, das war 1973. Berthold Beitz, Vorstandsvorsitzender der Krupp AG war fast schon Stammgast, im Mai 1975 verbrachte er erstmals einen kurzen Urlaub dort und unternahm mehrere Jagdausflüge, 1988 kam er zum letzten Mal. Er war ein äußerst angenehmer, kultivierter Gast. Als er sich verabschiedete, bedanke er sich bei jeder Zimmerfrau, dem Koch und dem Kellner persönlich und drückte auch mir einen Hunderter in die Hand. Den lieferten wir natürlich selbstredend sofort ab. Dafür durften wir uns im Ladenkombinat in Wandlitz im Gegenwert etwas aussuchen. Ich nahm Bettwäsche und Badetücher, was natürlich Marianne sehr freute. Lagen wir auf den Bettlaken von Beitz, erinnerte ich mich seiner gern.

Franz Josef Strauß stieg dort ebenfalls ab. Auch ihn lernte ich als angenehmen Gast kennen, er war liebenswürdig und sympathisch, was ich so nicht erwartet hatte.

Hubertusstock war ein wichtiger Ort in Honeckers überschaubarem Koordinatensystem. Doch

Stammgast in Hubertusstock: Berthold Beitz, 1982

ab Mitte der 70er Jahre verbrachte er den Urlaub und die Wochenenden oft in Wildfang, dem Anwesen bei Klosterfelde in der Schorfheide, das schon das Lieblingsrevier der Hohenzollern war.

In Wildfang waren Honeckers ganz privat. Es gab dort ein kleines Zimmer, im Obergeschoss ein Appartement und – entgegen anderslautenden Darstellungen – auch dort keine getrennten Schlafzimmer.

Den Jahreswechsel verbrachte Honeckers in Hubertusstock, weil es doch irgendwie offiziell wurde.

Mit einem Koch hatten ich 1975 Weihnachten und Silvester dort erstmals zum Jahresende Dienst. In den Folgejahren teilte ich mir die beiden Wochen mit einem Kollegen, so dass jeder wenigstens Heiligabend oder Silvester mit der eigenen Familie verbringen konnte.

Honeckers nutzten in Hubertusstock zwei Appartements. Dazu kamen der Restaurantbereich, der Kinosaal, eine Schwimmhalle mit Sauna, eine Kegelbahn sowie ein Schießkeller. Die Unterkünfte des Personals einschließlich der Personenschützer befanden sich in einem anderen Gebäude. Dort nahmen wir auch unser Essen ein oder lungerten im Fernsehraum vor dem Bildschirm. Bei Bedarf wurde frische Ware aus Wandlitz angefordert. Nach dem Fest revanchierte sich Honecker bei jedem mit einem Rucksack voll

Großeltern Honecker mit Enkel Roberto, 1977

Thüringer Wurst, Schinken und einer Flasche Hochprozentigen, und meist lag auch noch ein Jagdmesser dabei. Das konnte man immer gebrauchen, ob man nun zur Jagd ging oder auch nicht. Notfalls stellte man es in die Schrankwand und konnte damit angeben: Das Messer hat mir Erich Honecker geschenkt.

Am reichsten beschenkt jedoch wurde Enkel Roberto, der 1974 dazukam. Das Kind von Sonja und ihrem chilenischen Mann veränderte Erich Honecker merklich, er wurde gleichsam menschlicher und milder.

Ich entsinne mich späterer Weihnachtsfeste, in denen das Restaurant vollgestellt war mit Eisenbahnen, Autos und anderem Spielzeug. Das Kind war völlig mit der Fülle überfordert und beschäftigte sich nur kurzzeitig mit diesem oder jenem, dann erlahmte das Interesse. Sein Großvater liebte den Jungen mit den dunklen Kulleraugen abgöttisch und erfüllte ihm jeden Wunsch. Es gab keine Grenze, die Roberto hätte überschreiten können: Opa sah ihm alles nach, sein wilder Enkel war der Mittelpunkt, er akzeptierte den kleinen Diktator.

Die Geschenke, sofern sie denn aus dem Westen kamen, hatte Mittag besorgt, dessen Jagdhaus nur wenige Kilometer entfernt lag.

Zu Weihnachten kam auch Erika, die Tochter aus Honeckers erster Ehe mit Edith Baumann. Sie gehörte dazu. Jedoch, so schien mir, fand sie wenig Gefallen an dem ganzen Aufwand, der um ihren Vater betrieben wurde. Sie lebte mit ihrer Familie das Leben eines normalen DDR-Bürgers, sie war geerdet, wie man bei uns sagte, stand also mit den beiden Beinen nicht nur im Leben, sondern fest auf dem Boden der Realität. Ich glaube, dass sie ein sehr gesundes Augenmaß hatte und darum oft kopfschüttelnd nach dem Fest zurück nach Berlin fuhr.

Zu den von Erich Honecker gepflegten Ritualen gehörte, dass das Jahr zweimal begrüßt wurde. Zum ersten Mal stieß er 22 Uhr an, als es in Moskau 0.00 Uhr war, zwei Stunden später wünschte er nach deutscher Zeit Prosit Neujahr. Und zwar auch allen Bediensteten. Danach war schon bald Schluss, weil er als Frühaufsteher wegen einer kurzen Nacht nicht seinen Tagesrhythmus aufgeben wollte. Auch am Neujahrsmorgen saß er nie später als 8.30 Uhr am Frühstückstisch mit Zitronensaft und Langnesehonig, und am 2. Januar war der Urlaub vorbei und er fuhr zur Arbeit. Es folgten der Neujahrsempfang für das Diplomatenkorps und die traditionelle LL-Demo, Wilhelm Pieck hatte am 3. Januar Geburtstag, und wenn es ein runder war, erforderte auch dieser Tag entsprechende politische Begleitung.

Mit Leerlauf also begann das neue Jahr nie.

Der Dollar fällt

Bei den Auslandsreisen gab es bisweilen ein Taschengeld, was wirklich diese Bezeichnung verdiente: so wenig war es. Mitunter hatten wir nicht einmal Gelegenheit, es auszugeben. Den ersten Dollar bekam ich 1967, da stand er bei 3,70 DM, und das englische Pfund war 14 DM wert. Ich legte die bunten Scheine übereinander und sparte. Wofür, wusste ich nicht. Irgendwann jedoch keimte der Wunsch, mir in Japan einen Farbfernseher zu kaufen, denn erstens war damals dieses Land der Inbegriff der Elektronik, und zweitens ich der festen Überzeugung, mit Erich Honecker gewiss auch einmal ins Land der aufgehenden Sonne zu reisen. Doch ehe wir dorthin kamen, schmolz das vom Munde Abgesparte wie Schnee in der Sonne. Die Leitwährung der Welt verlor stetig an Wert.

Als wir vom dritten ins vierte Lebensjahrzehnt der DDR wechselten, verdichteten sich die Gerüchte, dass mein Chef ins fernöstliche Kaiserreich reisen würde.

Zunächst aber ging es erneut nach Kuba und danach nach Österreich.

Fidel Castro hatte ihn, wieder einmal, eingeladen, mit ihm in der Karibik zu angeln. Ende Mai 1980 flogen wir hinüber. Diesmal schipperten wir mit zwei Schnellbooten der kubanischen Marine auf ein Eiland in der Schweinebucht. Die Insel, so groß wie

Fidel Castro in der DDR, Lothar Herzog serviert, 1972

Vilm, solle, wie es hieß, dem gestürzten Diktator Batista gehört haben. Nun nutzte sie der Maximo Lider. Auf der Insel, etwa fünf Kilometer vor der großen gelegen, befanden sich ein luxuriöses Gästehaus mit einigen Appartements und auch kleineren Zimmern sowie ein Speisesaal mit Küchentrakt.

Castro und Honecker kehrten mit gutem Fang von See zurück, die Personenschützer trugen die Fische in die Köche. Daraus zauberten die kubanischen Köche ein köstliches Mal, besonders erinnerlich ist mir die Schildkrötensuppe. Honecker, der Fisch verschmähte, beugte sich Fidels Speisekarte und knabberte ein wenig an den von ihm gefangenen Fischen. Mir und allen anderen schmeckten sie, wir waren begeistert.

Während die beiden Chefs draußen ihre Angeln auswarfen, wollten wir vom Bootssteg in das Wasser springen. Es war so klar, dass wir auch die Haie sahen, die dort ihre Runden zogen. Obgleich sie klein waren, verspürten wir wenig Neigung, mit ihnen die Wellen zu teilen. Die Kubaner amüsierten sich über unsere Feigheit.

Noch in der Nacht fuhren wir weiter zu einer anderen Insel, auf der sich eine internationale Universität befand, welche zu großen Teilen von der DDR finanziert worden war. Castro schenkte »der DDR« die ganze Insel als Dank für die Unterstützung beim wirtschaftlichen Aufbau Kubas. Erich Honecker lächelte freundlich, denn mehr als eine Geste war es nicht: Was sollte die DDR mit einer Exklave in der Karibik?

Im November 1980 flogen wir mit zwei IL 62 nach Wien. Der Staatsbesuch in der Alpenrepublik war der bis dato bedeutendste, er war der erste in einem westlichen Land. In der ersten Maschine saßen

Auch Herzog angelte sich einen Fisch, 1980

Seltenes Gruppenbild mit Generalmajor Günter Wolf,
Chef des Personenschutzes, rechts neben Herzog

Honecker, Mittag, Außenminister Fischer, Protokoll-
chef Jahsnowski und der Botschafter. Hinzu kamen
Honeckers engste Mitarbeiter wie etwa Frank-Joa-
chim Herrmann, Elli Kelm. Prof. Helga Wittbrodt
und die Personenschützer, angeführt von Generalmajor Günter Wolf, dem PS-Chef.

Unsere Maschinen wurden auf dem Flughafen
mit Zustimmung der österreichischen Behörden
rund um die Uhr von einem Spezialkommando des
MfS bewacht, was gewiss ungewöhnlich war.

Die Entourage wurde mit der Delegation in einem Regierungshotel in der Wiener Innenstadt untergebracht. Das war gediegener Luxus, wie ich bei
der Inspektion von Honeckers Suite, wozu ich auf-
gefordert war, sofort merkte. Auch die Küche war
allererste Sahne, wie ich nicht nur an den frischen
Erdbeeren auf Vanilleeis schmeckte. Erdbeeren im

November! Unvorstellbar für uns aus der DDR. Am Abend hatte ich Gelegenheit zu einem ersten Spaziergang durch die Altstadt. Das war ein Kulturschock trotz der vielen Reisen, die ich bisher mit Honecker gemacht hatte. Es roch in den Gassen vor jedem Geschäft anders, die Auslagen quollen über, es war alles so bunt und lebendig. Das war eine andere Welt. Und ich fragte mich: Wer soll das alles kaufen? Brauchte man das wirklich, was dort angeboten wurde? Da war es daheim einfach: Man fragte lediglich nach dem, was man suchte und: Haben Sie oder haben Sie nicht? Einkaufen konnte so einfach sein. Aber auch besser?

Von Wien reisten wir weiter nach Salzburg und machten in Linz Station, wo der Stahlkonzern Voest Alpine AG seinen Sitz hatte. Mit dem Unternehmen unterhielt die DDR exzellente Beziehungen, weshalb Honecker und seine Delegation einen Rundgang

Begrüßung in Wien mit militärischen Ehren durch Bundespräsident Rudolf Kirchschläger, 1980

Fast familiär: mit Westover unterm Jackett

absolvierten. Dem schloss sich ein Essen in der Betriebskantine mit einem Teil der Belegschaft an. Etwa vierhundert Stahlarbeiter speisten mit uns ein Vier-Gänge-Menü. Als Vorspeise gab es Forellenfilet mit Meerrettich, danach eine Kraftbrühe mit Fleischklößchen, als Hauptgericht wurde Tafelspitz mit Grünkohl und danach schließlich Kaiserschmarrn serviert. Uns wurde gesagt, es sei das sogenannte Kaisermenü, weil alle Gerichte die Lieblingsspeisen von Kaiser Franz Josef waren.

In Salzburg, der Mozartstadt, hatten wir ein eher touristisches Programm. Auch dort wurden Delegation und Dienstpersonal gemeinsam in einem Hotel untergebracht, was mir sehr demokratisch erschien. In allen anderen Ländern, die Honecker bisher besucht hatte, wurde immer sehr darauf geachtet, dass die Politiker und das sie begleitende Personal getrennt untergebracht wurden. Das hier war sehr egalitär und schien mir eigentlich für eine Klassengesellschaft untypisch.

Unmittelbar nach der Rückkehr aus Österreich flog ich mit einer Delegation nach Mocambique, die von Egon Krenz geleitet wurde. Ich war kurzerhand als Chefsteward an den Kandidaten des Politbüros ausgeliehen worden. Der 1. Sekretär des Zentralrats der FDJ stand an der Spitze einer großen Gruppe von Studenten, junger Arbeiter und Genossenschaftsbauern, Sportler und Künstler, die auf Freundschaftsreise ging. Allerdings hatte man uns in eine alte IL 18 gesteckt, die keinerlei Komfort und für mich wenig Entfaltungsmöglichkeiten bot. Das aber tat der Stimmung an Bord keinen Abbruch.

Das Wetter verhinderte, dass wir in Daressalam zwischenlanden konnten. Wir mussten weiter nach Beira im Norden Mocambiques und übernachten. Das stellte die dortigen Behörden vor ein großes Problem: Wohin mit den vielen Leuten? Es gab nur wenige Hotelbetten. Krenz überraschte mich mit der Anweisung, dass die Crew die Betten bekam, alle anderen, er eingeschlossen, suchten sich einen Platz in der Empfangshalle des Flughafengebäudes. Anderentags ging es weiter nach Maputo. Und auch dort fiel Krenz mit einer ungewöhnlichen Entscheidung auf, die mein Chef noch nie getroffen hatte und vermutlich nie treffen würde. Er erklärte die Flugzeugbesatzung der offiziellen Delegation zugehörig. Auf diese Weise nahm ich das gesamte Programm mit. Ungeachtet der Probleme, die mir aus Angola, Sambia oder Mocambique bereits bekannt waren, erlebte ich eine spannende Reise wie noch nie. Wir hatten Begegnungen mit vielen Jugendlichen, hörten Berichte aus der deutschen Kolonialzeit, die im Ersten Weltkrieg zu Ende gegangen war, sahen alte Kirchen, besichtigten Krankenhäuser, Schulen und Geschäftsgebäude. Das waren einzigartige Erlebnisse.

Und dann kam Schmidt

Wieder zurück, musste ich nach Hubertusstock. Es war Dezember 1981 und der Bundeskanzler Helmut Schmidt in die DDR gekommen. Es hatte verschiedene Überlegungen im Vorfeld gegeben, wie Schmidt – ohne Moskau zu verärgern – Honeckers Einladung annehmen könnte, die dieser bereits vor einigen Jahren in Helsinki ausgesprochen hatte. Bonn wollte die Sache auch nicht so hoch hängen, weil ja die DDR nach dem Verständnis der BRD kein Ausland war und darum ein Staatsbesuch undenkbar. Privat wollte man es auch nicht machen, etwa bei einem Segeltörn in der Ostsee mit Maschinenschaden in Rostock-Warnemünde einlaufen, was auch in Erwägung gezogen wurde. Dann meinte man, er solle das Grab seines Sohnes in Schönow bei Bernau besuchen. Dort war das behinderte Kleinkind seiner in Hamburg ausgebombten Frau Loki Anfang 1945 bestattet worden. Und Honecker käme aus dem wenige Kilometer entfernten Wandlitz vorbei … Auch diese Idee wurde verworfen.

Schmidt am Werbellinsee zu Honecker: »Verehrter
Freund«, dann tranken sie gemeinsam Radeberger

Dann kam er aber mit großem Tross über Schönefeld, was bekanntlich nicht auf dem Territorium
der DDR-Hauptstadt lag. Mit Prinz-Heinrich-
Mütze, um nicht vor Honecker den Hut ziehen zu
müssen. Und der hatte vorsichtshalber aus gleichem
Grunde seine Tschapka aufgesetzt.

Schmidt stieg im Jagdschloss ab und Honecker in
Dölln. Von dort fuhr er zu den Gesprächen hinüber.
Abends speisten die beiden privat, ich servierte. Na
was wohl? Bouletten mit Bratkartoffeln und Kartoffelsuppe. Das waren nicht nur Honeckers Leibge-
richte, sondern auch die von Schmidt, wie unsere

Kundschafter in Erfahrung gebracht hatten. Ich fragte die beiden, die allein am Tisch saßen, was sie trinken wollten, und beide antworteten unisono: Bier.

Wernesgrüner oder Radeberger, erkundigte ich mich bei Schmidt, und der schaute mich an, als ob ich ihn nach der Anzahl seiner Haare auf dem Kopf gefragt hätte.

»Kenne ich nicht«, sagte der Weltpolitiker.

»Ich bevorzuge Radeberger«, sagte ich.

»Also Radeberger.« Der Form halber fragte ich auch Honecker, denn soweit kannte ich ihn bereits, dass er stets das nahm, was sein Gegenüber trank.

»Auch ein Radeberger«, sagte er wie erwartet.

Die beiden schienen sich bei Bier und Bratkartoffeln ziemlich nahegekommen zu sein, denn in großer Runde später redete der Bundeskanzler Honecker mit »verehrter Freund« an.

Nun endlich zum Tenno

Unmittelbar nach dem X. Parteitag der SED hieß es Koffer packen. Der lange vorbereitete Staatsbesuch in Japan stand an. Natürlich waren es in erster Linie wirtschaftliche Interessen, die das fernöstliche Kaiserreich so interessant für die DDR machten, Staatssekretär Gerhard Beil hatte auf beiden Seiten gute Vorarbeit geleistet. Seit zehn Jahren bestanden Wirtschaftsausschüsse DDR-Japan und Japan-DDR, und dort vor allem kam der Druck her, endlich auch auf höchster Ebene Kontakte zu knüpfen. Der Handelsumsatz betrug inzwischen über eine Milliarde DM im Jahr. Günter Mittag hatte bereits 1975 und 1977 mit Wirtschaftsdelegationen das Land bereist, nunmehr also sollte auch Honecker kommen.

Fast drohte die Staatsvisite an einem winzigen Detail zu scheitern. Erich Honecker weigerte sich, einen Frack zu tragen, der aber für ein Staatsbankett vorgeschrieben war. Für ihn war diese Gewandung Inbegriff bourgeoiser Dekadenz, er wollte so etwas nicht anziehen. Letztlich führte sein Widerstand zur Änderung des Programms. Es sollte nur eine Privataudienz bei Kaiser Hirohito mit einem gemeinsamen Essen stattfinden, bei dem laut Dresscode ein gedeckter Anzug genügte.

Ankunft im Land der aufgehenden Sonne

Am 24. Mai 1981 landeten wir, nach einem Tankstopp im sibirischen Irkutsk, in Narita, dem internationalen Airport von Tokyo. Auf mehrspurigen Autobahnen fuhren wir in die verstopfte Innenstadt, in der weit über zehn Millionen Menschen lebten und noch mehr arbeiteten. Kein Vergleich mit Berlin, das wie ein Dorf erschien. Es war laut und bunt und die Luft nicht zum Atmen. Viele Menschen, die sich auf den Bürgersteigen drängten, trugen weiße Tücher vor Mund und Nase.

Wir wurden in der 40. Etage eines Luxushotels einquartiert, von der man einen beeindruckenden Blick auf die Stadt hatte. Häuser bis zum Horizont, durch die Schneisen mit Autobahnen in mehreren Etagen geschlagen waren. Aus der Häuserebene wuchsen Wolkenkratzer, Riesentürme wie eben unser Hotel. Das war eine völlig andere Welt als die uns bislang bekannte.

Kaiser Hirohito und sein Gast aus der DDR

Der Fernseher im Hotelzimmer bot Dutzende Programme, darunter auch einige Kanäle, die – gegen Entgelt – Schlüpfriges zeigten, wobei man sich bei aller Freizügigkeit an die gesetzliche Vorschrift hielt: kein Schamhaar.

Die Küche bot Einheimisches und Gerichte im Western Style, womit alles Nicht-Japanische bezeichnet wurde. Wirklich alles. Im Shinkansen, dem Superzug, beispielsweise gab es die traditionellen japanischen Toiletten, die den französischen ähnelten, und welche im Western Style, wie wir sie aus der Heimat kannten.

Mir wurde ein Auto mit Fahrer zur Verfügung gestellt, das mich – sollte Erich Honecker irgendwelche Wünsche haben – dorthin bringen sollte, wo man dies bekam. Oder in das kaiserliche Gästehaus, zu dem ich, ausgewiesen durch entsprechende Dokumente, jederzeit Zutritt hatte.

Ich war dort mehrere Male, obgleich Honecker keine Wünsche hatte. Er war, wie man so sagte, wunschlos glücklich. So hatte ich denn auch die Gelegenheit zu einem Stadtbummel, fuhr mit der U-Bahn und amüsierte mich, dass trotz Hightech die Tickets per Hand gelocht wurden, überhaupt schien die Beschäftigung von Menschen vordringlicher zu sein als der Einsatz von Technik. Ich sah Baustellen, auf denen die Kräne fehlten und die Arbeiter das Material mehrere Etagen hoch trugen. Auf der Ginza glitzerte und blinkten die Fassaden, die Hauptgeschäftsstraße war ein Einkaufsparadies für alle, die Geld hatten, dazu gehörte ich eindeutig nicht. Mein Gespartes reichte nicht für einen kleinen transportablen Fernseher, ernüchtert verglich ich die Preise mit dem Inhalt meiner Brieftasche. Die 200 gesparten Dollar langten lediglich für einen Stereorekorder mit Kassettendeck. Dieser sollte uns die ganzen 80er Jahre hindurch gute Dienste leisten.

Erich Honecker absolvierte in Tokyo ein straffes politisches Programm. Er wurde mit allen protokollarischen Ehren empfangen, Kaiser Hirohito begrüßte ihn am Haupteingang des Palastes persönlich, die Öffentlichkeit wurde darüber in den Medien informiert. Es gab Gespräche mit dem Ministerpräsidenten und verschiedenen Kabinettsmitgliedern, mit Parlamentariern und dem Präsidenten des Oberhauses. Die Minon-Universität verlieh ihm die Ehrendoktorwürde. Ihm war die Geste wichtig, die er dankbar und gerührt quittierte, doch nie schmückte er sich später – im Unterschied zu manch anderem Politiker – mit dem Dr. h.c. vor seinem Namen. Nach drei Tagen verließen wir Tokyo und reisten mit dem Shinkansen in die alte Kaiserstadt Kyoto, vorbei an dem schneebedeckten Berg aller Berge, dem Fujiyama. Als wir im Schnellzug mit 300 Stundenkilometer vorüberrauschten, lag die Sonne auf dem weltbekannten Kegel, was nur selten der Fall sein soll, wie es hieß. Die meiste Zeit des Jahres umhüllen ihn Wolken oder Nebel.

In Kyoto nahm ich als Delegationsmitglied an den Führungen durch die Sehenswürdigkeiten teil, bei der es zu einem Zwischenfall kam, der später unter uns zu großer Heiterkeit führte. Vor dem Betreten des alten Kaiserpalastes mussten wir uns unserer Straßenschuhe entledigen und sie vor der Tür

Ein entspannter Honecker mit Geishas

aufreihen. Drinnen nahmen wir auf Kissen Platz, Geishas reichten uns einen Imbiss und zeigten uns, wie man mit Stäbchen aß. Danach schlüpften wir in unsere Schuhe. Honecker, um den sich die Begleiter drängten, kam als letzter ins Freie. Es stand auch nur noch ein Paar Schuhe dort: zwei ausgelatschte Treter in Übergröße. Das waren garantiert nicht die von Honecker. Der überspielte die peinliche Situation und schlüpfte in die Gurken. Später wurde geklärt, wer Honeckers Schuhe irrtümlich angezogen hatte: es war Botschafter Horst Brie. Offenkundig war er so verwirrt oder aufgeregt, dass er nicht einmal bemerkt hatte, dass die Schuhe ihm viel zu klein waren.

Der Abschluss der Reise war der Friedenspark in Nagasaki, mit dem an den Abwurf der US-Atom-

Bei der Enthüllung der Plastik in Nagasaki, 1981

bombe am 9. August 1945 erinnert wurde. Honecker enthüllte eine Stele »Völkerfreundschaft« von Gerhard Rommel. Die Plastik steht noch heute dort, es ist die einzige aus Deutschland.

Danach kehrten wir nach Berlin zurück. Natürlich mit Zwischenstopp in Moskau, um dort zu berichten.

In der Folgezeit schlossen sich weitere Staatsbesuche an, auf die ich nicht weiter eingehen muss. Meine Mission war stets die gleiche, ohne dass ich je groß benötigt wurde. Aber ich war präsent für den Fall, dass ich gerufen wurde.

1981 ging es noch nach Mexiko, auf dem Rückflug schauten wir bei Fidel Castro vorbei. Die Begegnung war nur kurz und fand im Flughafengebäude statt. 1982, im Herbst, erfolgten Staatsbesuche in Nahost. Auf dem Programm standen Syrien, Zypern und Kuweit, 1984 begleitete ich Erich Honecker nach Guinea und Äthiopien.

Dann aber war mit dem Reisen Schluss.

Blöde Töle

Gegen den Willen der Familie holte sich Honecker einen Cocker Spaniel ins Haus. Es war ein Wunsch seines Enkels nach einem Tier, doch ein Hund in der Berliner Stadtwohnung, in der Leipziger Straße, wo die Familie Yanez lebte, wäre Tierquälerei gewesen. Deshalb kam er nach Wandlitz. Der Welpe mit braunem Fell und hängenden Ohren, ein Rüde, sah herzallerliebst aus, als er jung war, und bekam von Honecker den Namen Flex. Was aber überflüssig war. Der vermeintliche Jagdhund hörte weder auf seinen Namen noch überhaupt. Er bestätigte alle Unarten, die man dieser Rasse nachsagte, und die man vielleicht freundlich mit dem Begriff »eigensinnig« umschreiben kann. Und wenn dann keine Hundeerziehung erfolgte, war ohnehin alles zu spät.

Binnen kurzer Zeit entwickelte sich Flex zum Schrecken der Waldsiedlung. Er zerfetzte alles, was ihm vor die Schnauze kam, und Honecker ließ ihm alles durchgehen, er verzog ihn. Beim Abendbrot fütterte er ihn mit Wurst und Fleisch, die man verarbeitet zu Hundehaufen anderentags rund ums Haus verstreut fand. Im Winter durften die Straßen und Wege in Wandlitz bei Eis nicht mit Salz gestreut werden – Flex hätte sich ja dadurch etwas an den Pfoten holen können.

Nach etwa zwei Jahren war die Töle derart versaut, dass sie jeden anknurrte und attackierte, der ihr vor die Nase kam. Natürlich auch Margot Honecker, und am Ende sogar ihn selbst. Einmal biss das unerzogene Tier Honecker sogar in die Wade. »Du böser Hund!«, rief der erschreckt aus und ließ sich von seinem Personenschützer Bernd Brückner befreien. Das war es aber auch schon. Eigentlich hätte der Hund Schärferes verdient.

Flex nahm man stets mit: nach Dölln, nach Wildfang und wo die Familie am Wochenende oder im Urlaub sonst noch weilte. Er strich mir beim Servieren um die Beine, lag im Weg oder knurrte mich an, wenn ich meinen Job machte. Ich begann das Vieh zu hassen.

An einem Sonntag im Herbst 1984, Honeckers hatten Besuch, trug ich das Mittagessen auf. Das heißt: ich hatte dieses vor. Doch der Cocker stellte

Sah harmloser aus, als er war: Flex, Honeckers Hund

sich in den Weg und benahm sich wie immer. Da platzte mir der Kragen und ich bat höflich, aber doch sehr bestimmt, dass man den Hund doch während des Essens aus dem Zimmer verbannen möge. Honecker zeigte sich verständig und wollte der Bitte entsprechen, als plötzlich Roberto zu toben anfing. Nein, Flex müsse im Zimmer bleiben, schrie er und stampfte mit den Füßen auf den Boden.

Da knickte Honecker ein.

Der Zwischenfall war ihm vor seinen Gästen sichtlich peinlich.

Ich erledigte, trotz Hund im Raum, meinen Job und fuhr nach dem Dienst nach Hause. Irgendwie ahnte ich, dass die Sache ein Nachspiel haben würde. Ich sollte mich nicht getäuscht haben.

Bereits am nächsten Tag wurde ich zu meinem Vorgesetzten einbestellt. Major Gerd Schmidt, Chef der Verwaltung der Waldsiedlung, teilte mir lapidar mit, dass meine Tätigkeit im Hause Honecker zu Ende sei. Ich solle mich von ihm fernhalten. Keine Begründung, keine Erklärung, nichts.

Für mich war klar, dass es nur an der Töle und dem gestrigen Vorfall lag. Ich fügte mich in mein Schicksal ohne zu murren, wie ich es seit 22 Jahren tat.

Wie aber nun weiter? Ich erschien fortan jeden Tag zum Dienst im Klubhaus der Waldsiedlung und wartete, dass ich etwas zu tun bekam. Doch das war nie der Fall. Die Kollegen musterten mich scheel, als wähnten sie mich mit einer ansteckenden Krankheit behaftet. Bisweilen wurde ich zum Servieren nach Berlin geschickt, meist im Palast der Republik zu größeren Empfängen, aber stets mit der Vergatterung, auf keinen Fall in die Nähe des Tisches von Erich Honecker zu geraten.

Ich war drauf und dran, den Dienst zu quittieren, aber dann hatte ich die 25 Jahre vor Augen, die ich unbedingt schaffen wollte, denn bei diesem Jubiläum gab es fünftausend Mark als Treuprämie. Die wollte ich nicht auf der Zielgeraden dran geben.

Dann wurde ich, es war Mitte Oktober, wieder zu Schmidt bestellt. Ich nahm an, er würde mit mir über meine Zukunft, über meine berufliche Perspektive reden, doch er sprach über meine Familie und stellte merkwürdige Fragen, deren Sinn und Anlass sich mir nicht erschlossen. Ich solle mich mehr um meine Tochter kümmern, sagte Schmidt, sie besser kontrollieren. Wie wäre es, wenn ich mit ihr mal in den Urlaub führe und mit ihr über alles redete.

Geschichte: Luis Corvalan in der Küche in Wandlitz

Was war »alles«? Ich verstand nur Bahnhof.

Er habe in einem Ferienheim in Oberwiesenthal drei Ferienplätze, die würde er mir, meiner Frau und meiner Tochter gern zur Verfügung stellen, sagte Schmidt. Ja, warum nicht, antwortete ich ihm, ich hätte ja ohnehin derzeit keine Verpflichtungen in der Wandlitz, keine Termine, keine Auslandsreisen, keine Weiterbildungsmaßnahmen.

Schmidt lächelte erleichtert.

Und ich grübelte: Was war da im Busche?

Wir fuhren zu dritt ins Erzgebirge und hatten ein paar schöne Tage, doch als wir im Kleinen Grenzverkehr einen Ausflug nach Karlovy Vary machen wollten, winkten mich nach der Ausweiskrontrolle die Grenzer aus der Schlange. Ich solle, hieß es, meinen Dienstvorgesetzten anrufen. Das tat ich. Schmidt erklärte mir, dass ich die DDR nicht verlassen dürfe.

Warum nicht, fragte ich zurück. Das könne er mir nicht sagen, nicht am Telefon.

Er sagte es mir auch nicht nach meiner Rückkehr. Handelte es sich um eine bloße Schikane, fürchtete man, dass ich abhauen wollte? Und weshalb? Weil ich keine befriedigende Arbeit mehr hatte?

Die Wochen der Untätigkeit zogen sich hin. Ich empfand die Situation als zermürbend und unerträglich. Ich fuhr morgens zum Dienst, saß meine Zeit ab und fuhr am Abend wieder nach Hause. Im Klubhaus durfte ich nichts anfassen, mich nicht groß aus dem Haus entfernen. Ich stand sichtlich unter Quarantäne. Man schlug mir eine Kur in Johanngeorgenstadt vor, im März 1985 solle ich sie antreten. Bis dahin, so tröstete mich mein Chef,

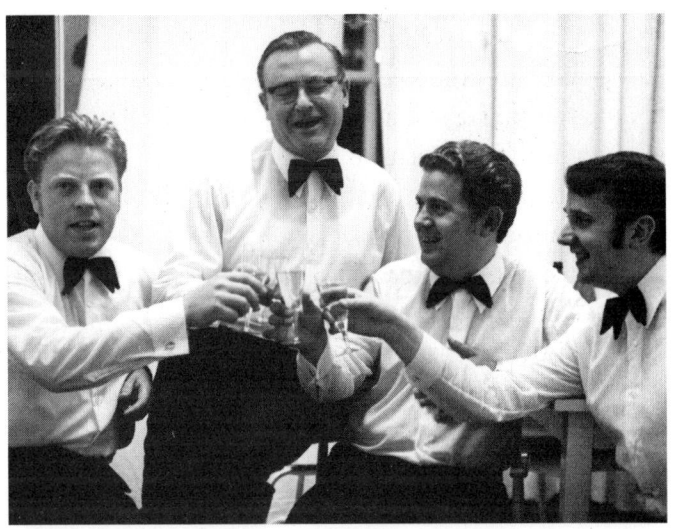

Lothar Herzog (l.) und Kollegen: ein Bild aus glücklicheren Tagen

wäre auch meine Weiterverwendung gewiss geklärt. Auch ihm schien die Sache unangenehm zu sein.

Anfang Februar war es geklärt. Ich wurde in die Zentrale der Hauptabteilung Personenschutz, Abteilung IV – das war der Rückwärtige Dienst – nach Berlin-Weißensee versetzt. Es gab keine Verabschiedung in der Waldsiedlung, in der ich 23 Jahre gearbeitet hatte, kein Handschlag und kein anerkennendes Wort, nichts. Ich wurde einfach weggeschickt und kam am nächsten Tag nicht wieder. Gut, meine Erinnerungen konnte man mir nicht nehmen: Ich war mit dem ersten Mann des Staates in über 30 Ländern gewesen, hatte als Steward mehrere Millionen Kilometer zurückgelegt, hatte mich vom Gefreiten zum Hauptmann hochgedient und viele interessante Leute im Dienst getroffen. Das nahm ich mit.

Aber mich begleitete noch immer die Frage: warum? Warum ließ man mich fallen wie eine heiße Kartoffel? Nur weil ich Honeckers blöde Töle vor die Tür hatte schicken wollen?

Nach und nach fügte sich aus verschiedenen Nachrichtensplittern und Gerüchten aber ein Bild zusammen, das ich dann zu interpretieren verstand.

Beate und ihre beiden Freundinnen hatten in der Mocca-Milch-Eisbar in der Karl-Marx-Allee drei Jungen kennengelernt. Die waren »von drüben«. Pünktlich um Mitternacht brachten sie die drei zum Tränenpalast in die Friedrichstraße. Im Unterschied zu den anderen beiden Familien hatten Herzogs einen Telefonanschluss. Die Teenager dachten sich nichts dabei und riefen anderentags von diesem Apparat in Westberlin an. Herrliche Einfalt! Jedes Telefonat in den Westteil der Stadt und in die Bundesrepublik wurde registriert, dafür sorgten die Spionageabwehr und die Funkaufklärung. Also registrierte man auch den Anruf von meiner Nummer, die erstens eine Art Dienstapparat war, zweitens war ich Angehöriger des MfS, und drittens zu allem Überfluss auch noch in unmittelbarer Nähe Honeckers eingesetzt. Halleluja! Da schrillten doch sofort, ohne dass ich dies wusste, bei der HA II und der HA III alle Alarmglocken.

Ich glaube noch nicht einmal, dass Geheimnisverrat vermutet wurde, kein Verdacht der nachrichtendienstlichen Verbindungsaufnahme im Raum stand (das hätte andere Konsequenzen gezeigt als mich lediglich zu versetzen). Abwehrhirne deklinieren alle Optionen durch. Konnte die Westberliner sich nicht absichtsvoll an die Mädchen herangemacht haben? Waren die Mädchen Teil einer nachrichtendienstlichen Operation, die auf mich zielte? Ich war für westliche Dienste durchaus eine interessante Person. Wollte man Kompromate schaffen, mit denen ich erpresst werden konnte?

Das würde auch erklären, weshalb mir meine eigenen Genossen nichts sagten. Sie warteten ab, was da kommen würde, und ließen mich warten und im Unklaren. Dieses Misstrauen, das in solchen Unternehmen steckte, richtete sich gegen alles und jeden. Auch gegen mich, der sich nie etwas hatte zu Schulden kommen lassen. Keine Bestrafung in so vielen Dienstjahren, nichts. Ich war Opfer einer tödlichen Berufskrankheit geworden.

Ich meinte, es wäre Zeit, den Dienst zu quittieren.

Inzwischen hatte man mich als Brigadeleiter eingesetzt, verantwortlich für acht junge Kellner und sechs Köche, die in zwei Klubgaststätten in Ledigenwohnheimen der Hauptabteilung Personenschutz arbeiteten. Sohn Peter hatte nach dem Abitur ein Studium an einer Offiziersschule in Löbau aufgenommen. Beate arbeitete als Kellnerin, und Marianne hatte eine sie ausfüllende Tätigkeit im Sport- und Erholungszentrum. Alles lief in geordneten Bahnen.

Am 31. Dezember 1989 schied ich aus dem Dienst aus und arbeitete ab Neujahr wieder als ganz normaler Kellner im Palast der Republik. Naja, nicht als einfacher Kellner, als Oberkellner. Und zwar so lange, bis das Haus wegen angeblicher Asbestgefahr geschlossen werden musste. So wechselte ich als Oberkellner in ein anderes asbestverseuchtes Gebäude, das ICC im Westteil der Stadt. Dort blieb ich bis zum Rentenalter.

Meinen prominentesten Chef habe ich nicht wieder gesehen. Ich hielt mich an die Order, Erich Honecker nie wieder unter die Augen zu treten.

Zugegeben, so viele Möglichkeiten gab es dazu auch nicht mehr.

Inzwischen bin ich Rentner wie meine Frau, die nach etlichen Arbeitsbeschaffungsmaßnahmen bereits 1995 in der Erwerbsunfähigkeit geschickt worden war. Unser Sohn Peter lebt in Chemnitz und arbeitet als Bauleiter für ein bayerisches Unternehmen, Tochter Beate ist in der Zentrale der Bahn am Potsdamer Platz im Gastronomiebereich tätig. Und wir haben zwei Enkel. Wenn die mal groß sind, werde ich ihnen auch über ihren Urgroßvater Hans Lautenschläger erzählen, der der Vater ihrer Oma war, und über dessen erste Frau Ina Ender, die gegen die Nazis kämpfte und für die »Rote Kapelle« als Kurier unterwegs war. Sie arbeitete als Vorführdame in einem Modesalon, in welchem auch Eva Braun, Hitlers Freundin, Magda Goebbels, Marika Rökk, Zarah Leander und andere verkehrten. Ina Ender wurde 1943 zu sechs Jahren wegen Wehrkraftzersetzung verurteilt; dass sie Spionin war, hat die Gestapo nicht entdeckt. Inas Mann, Hans Lautenschläger, der bereits in Plötzensee in der Todeszelle saß, wurde nach Intervention des Gefängnispfarrers Poelchau ins Strafbataillon gesteckt. An der Leningrader Front lief Hans zur Roten Armee über, später wurde er irrtümlich für tot erklärt. Daraufhin heiratete Ina Ender nach dem Krieg einen anderen, und Hans Lautenschläger die Mutter eurer Oma, werde ich den Enkeln erzählen. Eine verworrene, aber ziemlich lebendige Geschichte – wie die eures Opas.